Ultra

超訳 君主論

マキャベリに学ぶ帝王学

Il Principe Translated

許 成準

彩図社

はじめに

日本のサラリーマンたちの「上司への満足度」は、他国——特に欧米——に比べて低い方だという。それは、日本人がただただ熱心に働くばかりで、職場でのリーダーシップのあり方について真剣に工夫してきた人が少なかったからではないだろうか。きっと上司も部下も、皆仕事で疲れていて、そんなことについて考える余裕がないのだ。

だが、忙しいからといって、リーダーシップのあり方をないがしろにしていると、いつかきっと不幸の種になる。まず上司になる準備をしていないのに、部下が配属されると、それだけでストレスになる。それに、下っ端だった時に上司に叱られたり、無視されるのはそれなりに我慢できるが、上司になった後に部下に嫌われたり軽蔑されるのは、もっと苦しいことなのだ。

だから、快適な社会人生活を送るためにも「リーダーならどう振る舞うべきなのか」を理解する必要があるのだ。

『君主論』は、〝西洋の『孫子の兵法』〟とも呼ばれている本で、君主が知っておくべき統治の技術や、成功する組織を作る秘訣や、敵に勝つための戦略を教えてくれる。つまり〝帝王学のバイブル〟であり、〝君主のための教科書〟だと言うことができる。

よく、雑誌や大学が「現代人が読むべき古典100」、「経営者が読まなければいけない本10選」のようなリストを発表する。それらにも、『君主論』は必ず入っているはずだ。たとえば、『君主論』は米国のシカゴ大学が選定した「偉大な本144選」にも入っている。そして、同じく米国のボストン大学のクリストファー・マウアラー教授は、人類が所有した最高の人生の指南書三つのうちの一つとして同書を挙げている（他の二つは孫武の『孫子の兵法』と、バルタザール・グラシアンの『賢人の知恵』）。

面白いのは、今日ではこのように必読の書とされている『君主論』が、16世紀ローマ教皇庁によって禁書に指定されていたということだ。その理由は、同書がリーダーシップを道徳や倫理と切り離して論じた、最初の本だったからである。

『君主論』以前にも、君主のための本がなかったわけではないが、それらの内容は「王は国民に慈悲の心を持って接し、善良な統治をすること」などということが書かれているに過ぎなかった。こんな陳腐なアドバイスを聞けば誰でも「原則としては正しいかもしれないが、現実には使い物にならない」と感じるはずだ。

『君主論』には、そんな陳腐な助言はない。「君主は必要とあれば、道徳を無視することも大切だ」「君主は善と悪の二面性を持つべきだ」といった、それまで誰も口に出せなかったことを堂々と語っている。そんなことだから、この本は多くの批判を浴びてローマ教皇庁から危険視されたのだ。

しかし、20世紀の代表的知識人バートランド・ラッセルによると、著者が主張したのは「不道徳になれ」ということではなく、「リーダーは冷静に物事を考えるべきだ」ということだという。生存戦略と、道徳を切り離したのだ。

さて、そんな本を書いた著者は誰なのかというと、16世紀のイタリア・フィレンツェの官僚ニッコロ・マキャベリ（1469〜1527）である。当時のイタリアはまるで日本の戦国時代のような混乱期で、リーダーシップの不在、外敵の侵略などで皆が苦労していた。有能な官僚だったマキャベリは、外交官としてフランスに行った際、一人の君主が一国を治める統一国家が、いかに安定しているかについて強い印象を受けた。

その頃イタリアではローマ教皇の息子、チェーザレ・ボルジア（1475〜1507）が教皇軍を率いて勢力を急速に広げていた。ボルジアが望んだのは、イタリアの都市国家群を統一してイタリア半島にフランスのような強力な国家を建設することだった。たとえると、日本の織田信長のような存在であった。マキャベリはボルジアの快進撃を見ながら「彼こそがイタリアを統一し得る人物なのではないか」と思っていたが、ボルジアは父の教皇が死んだ後、新しく即位したユリウス2世の策謀で没落、歴史の表舞台から姿を消してしまった。こうしてイタリア統一の希望は断たれたのだった。

『君主論』には軍事に関する主張も多くあるが、マキャベリは自分の戦略を理論だけではなく、実践した人でもあった。彼は官僚時代、外国の侵略からイタリアを守るため、住民を集めて民兵組織を創設した。フィレンツェの領地、ピサ地方で反乱が起こった時、この民兵組織がピサを陥落させたことは有名である。『君主論』の中で、マキャベリは繰り返し傭兵（他国から金で雇った兵）を批判し、自国軍に頼るべきだと説いているが、この民兵組織は、その理論を実践したものと言える。

その後、フランスと教皇軍との間に戦争が起こり、その過程でフランスの同盟国だったフィレンツェも戦渦に巻き込まれた。教皇軍によって陥落し共和国は崩れ、1512年にはメディチ家が支配者となった。

政権が変わると、マキャベリは公職を追われ、反メディチ派として投獄されてしまった。かろうじて釈放された彼は、イタリアの混乱に終止符を打ってくれる、強力な君主――ボルジアのような――の出現を望んだ。そして、そんな君主になるための秘訣を一冊の本にまとめた。それが『The Prince（ザ・プリンス）』、つまり『君主論』なのだ（イタリア語では『Il Principe』）。

彼は自分をメディチ家に登用して欲しくて『君主論』を捧げたが、その願いは叶わなかった。それが1516年のことである。失望したマキャベリは、フィレンツェ郊外で隠遁生活をしながら『政略論』『戦術論』などを著した。『戦術論』はジュリオ・デ・メディチ枢機卿に捧げた。こうした努力の甲斐があって、マキャベリは枢機卿に政治改革に関する諮問を受けたりした。またフィレンツェの公式史家として、歴史書を執筆する職務を引き受けるようになった。

だが、その後、教皇とメディチ家はフィレンツェから追い出され、以前の共和国体制が戻ってきた。これは、ようやく職務に復帰したマキャベリにとっては悪い報せであった。彼は共和国で再び公職に復帰することを望んだが、教皇とメディチ家に協力した前科のせいでその願いは聞き入れられなかった。失意のマキャベリは病床に就き、まもなく死去した（1527年）。そしてフィレンツェ共和国も2年後、スペインの攻撃で没落してしまった。

『君主論』が正式に出版されたのはマキャベリが死んだ5年後だったが、それ以前に、すでに話題になっていた。原稿の筆写本が作られ、読まれていたからである。その後、ヨーロッパの君主の多くがその写本に接し、自分の政策・軍事戦略に応用した。たとえばイングランド王、ヘンリー8世がローマ・カトリック教会から離脱してイングランド国教会を作ったのは、ヨーロッパの権力の版図を大きく変えた事件として記録されているが、この時ヘンリー8世は『君主論』の戦略を多いに参考にしたという。

君主論は西洋の哲学にも影響を与え、フランシス・ベーコン、デカルト、アダム・スミスなどが『君主論』の哲学を発展させた。こうして、同書は政治学の領域に限らず、今日の欧米人の思考方法に多くの影響を与えた、伝説の名著となったのであった。

これまで『君主論』の偉大さを強調してきたが、欠点がないわけではない。まず、現代の私たちから見ると、事例が当時の時代情勢やヨーロッパの歴史になっており、今日の私たちが職場で応用するには、少し難解なところがある。そして、もともとの『君主論』は政治家のために書かれているが、私たちが使うとなるとビジネスの事例が欲しい。

そこで本書は『君主論』を今日の私たちの役に立つよう、原作のポイントを活かすと同時に、ビジネスの事例を解説に加えた。たとえば、原文では「実力不足で権力を失った君主」として、当時のイタリアの君主であるナポリのフェデリーコ王やミラノのルドヴィーコ公などを挙げているが、本書ではソニー創業者・盛田昭夫の長男、英夫や歌手の華原朋美を例として挙げた。

人々はピアノの演奏の上達には正しい指導・練習が必要だと知っている。ところがリーダーシップは先天的な素質でしかないと思っている。だが、そんなことはない。リーダーシップも正しい方法を習い、職場で応用してみることでパフォーマンスを向上させることができる。たとえ率いている組織・部署が小さくても、それは必要なことである。正しい方法を知っていれば、数百人を動かすことができるが、知らなければ一人も動かすことができないのが、リーダーシップだからだ。

本書は先の見えない時代を生きる読者諸氏にとって、いい羅針盤となるはずだ。

超訳　君主論――目次

3章 他人に依存すれば必ず滅びる

4章 こうすれば権力を維持できる

5章 リーダーは二面性を使い分けよ

6章 未来に備えることがリーダーの務めである

7章 部下をうまく使う磐石の組織運営

10章 運命に流されず人生の勝者となれ

Ultra

1章 リーダーは道徳に縛られてはならない

Translated Il Principe

読者諸氏は、漫画や映画を観ていて〝正義の主人公〟の行動に腹を立てた経験はないだろうか。

たとえば、地球の滅亡を目論む悪党を殺すチャンスをようやく作ったのに、「悪人とはいえ、人間だ」というような呑気なセリフを吐いたり、地球の運命がかかっている戦闘の間に、一人の子供を救おうとして全人類を危険に晒したり……フィクションでは通用するが、現実にそんなリーダーがいたとすれば、「良い人」ではあっても、「良いリーダー」とは言えない。

これは『君主論』において、重要な主題の一つなので、本章ではこのトピックについて説いていこう。

超訳

「良い人」と「良いリーダー」の違い

「君主はどのように振る舞うべきか」について、これまでに、たくさんの識者が論じてきた。しかし、彼らのほとんどは倫理と義務のみに目を奪われ、現実を見失っている。

私は彼らとは違い、より現実に焦点を合わせるべきだと考える。

なぜなら「人間はどう生きるか」と「人間はどう生きるべきか」との間には、大きな溝があるためだ。

どんなリーダーも、自分に従う者の運命を左右する立場にある。

従う側の立場とすれば、立派な方法で負けるリーダーより、手段を選ばずに勝つ方がマシな場合が多い。たとえば、第二次世界大戦でイギリスを勝利に導いたウィンストン・チャーチル。彼はナチス・ドイツと戦った善良にして正義の政治家として、偉人伝によく登場する人物である。

しかし、彼は敵に勝つために手段を選ばなかった人でもある。第二次世界大戦に米国がまだ参戦していなかった頃、戦況はドイツに有利だった。米国の参戦を切実に望んだ彼は、ドイツ爆撃機がイギリスに来たとき、サーチライトを照らして爆撃機をロンドン市街に誘導したことがある。ドイツ空軍がロンドン市内を爆撃して民間人を虐殺すれば、米国が参戦するはずだったからだ。

それだけではない。彼はダンケルクの戦いで英軍を退却させる時、負傷者は戦力にならないと判断し、彼らを敵の砲撃の危機に晒したまま軍を撤退させたこともある。こう見ると、彼は偉人伝の通りの善人どころか、逆に〝悪人〟に近いかもしれない。

だが、**チャーチルが偉人伝のイメージ通りの「良い人」だったとして、果たしてイギリスはドイツに勝つことができただろうか**。つまり、「結果より過程」といった態度は、リーダーに相応しくないのである。

超訳

君主は理想だけを追い求めるな

君主は必要に迫られれば、道徳にもとることも、できなければならない。もし、あらゆる美徳を備えた理想的な君主がいたとしたら、それはもちろん誉められるべきだが、現実的にはそれは不可能だ。

よって、仕方がない場合であれば、悪事を働くことを躊躇すべきではない。というのも、一見善行に見える行動が君主を破滅に導くこともあるし、一見悪行に見える行動が結果的には君主の権力を強化し、国に繁栄をもたらすこともあるからだ。

ジーンズのブランド「リーバイス」で知られるリーバイ・ストラウス社は、善行でも著名な企業である。他のメーカーが後進国の労働者を、劣悪な労働環境下で酷使していたのとは違い、リーバイ・ストラウス社は彼らに高い賃金と安定した雇用を保障した。

現地の子供たちが工場で働く中で、化学物質に汚染されることを気にもかけないメーカーもあったが、リーバイ・ストラウス社は最大限の配慮を見せ、学校を建てるなどの児童福祉にも力を尽くした。だが、そういった施策は株主たちの反発を招いた。「学校を建てるお金があるなら、もっと我々株主に利益を還元するべきではないか」という主張であった。それでも社会的責任を全うすることに固執した経営者は、最終的にはＭＢＯ（経営陣買収）を行い、上場廃止をするに至った。

確かに善行に執着した結果〝人権保護〟〝差別撤廃〟といった経営者の理想は守られた。しかし、リーバイ・ストラウス社の成長の道は閉ざされたという見方をすることもできる。

立派な理想に固執するリーダーが、組織の生存を危うくすることもある。**未来の理想も大切だが、今の生存もまた、大切なのである。**

超訳

リーダーは冷酷な面を持て

君主が軍を率いる時は、冷酷だという評判を気にしてはいけない。なぜなら兵士たちが君主を恐れなければ、軍隊の結束と秩序が成り立たないからだ。

ローマ帝国を苦しめた名将・ハンニバルの用兵で特に注目すべきことは、彼が多様な傭兵で構成された軍隊を導き、遠い戦場で戦ったのにもかかわらず、戦況の有利・不利に関係なく、どんな内紛も起こらなかったことである。

それは、ハンニバルの非人間的なほどの残忍さが、彼を恐れと尊敬の対象にしたからである。もし彼が冷酷さを欠いていたとしたら、他の優れた能力も、あれほど発揮されることはなかったはずだ。

リーダーとして偉大な業績を成した人物の一代記を調べてみると、善良な気質が成功の要因になったケースは滅多にない。むしろ、その逆である。日本の戦国時代を終結に向かわせた織田信長も、中国を統一した始皇帝も、その残忍さ、冷酷さで名高い。果たして偶然だろうか。

西洋でも同じことが言える。東西4500キロに及ぶ帝国を築いたアレクサンドロス大王は、「西洋史における最も偉大な王」と呼べるほどの偉人だが、彼がそれほどの版図《はんと》を得たのは、絶えず侵略戦争を起こすような、好戦的で残忍な性格だったからである。

彼は民間人を虐殺したこともあるし、命令に従わないという理由で自軍兵士の4分の3を粛清したこともあれば、幼馴染みを槍で刺し殺し、挙げ句に父の命をも奪った。

もちろん、今日の私たちが成功するために、このような極悪人になる必要はない。ただ、**リーダーは度々、やむを得ず冷たい選択をしなければならない時がある**。そんな時、個人的な感情に左右されず、常に冷静な判断力を堅持できるリーダーが勝利することを、私たちは歴史から学ぶことができるのだ。

超訳

君主と信義

君主は、信義を守ることで不利になったり、守る理由がもう存在しないのであれば、それを守らなくて良い。

もし私たちが理想的な世の中に生きていて、全ての人間が正直だったら、あなたが信義を守っても害はないだろう。しかし現実の世界では、人はえてして邪悪な存在であるから、あなただけが信義を守る必要はないのである。

経済学のゲーム理論に「囚人のジレンマ」という問題がある。共謀して罪を犯した二人を別々の部屋に収監して、①二人とも黙秘したら二人とも懲役1年、②二人とも自白したら二人とも懲役3年、③二人の中で一人だけが自白すれば自白した者のみを自由にし、もう一方を懲役12年とする、という条件を出す。あなたが囚人であれば、どうする？

この問題が有名なのは、現実の世界で発生する多くの問題の縮図が隠されているからである。何年か前、筆者の知り合いの二人が「俺たちでベンチャー企業を作って、一緒に大成功しよう」と意気込み、起業したことがあった。その二人は、初めのうちは共に頑張ったが、1年経つと一人は「これは失敗するかもしれない」と考えるようになり、仕事は適当にこなしながら、倒産後の就職先を探した。

結局二人が立ち上げた会社は失敗し、就職を準備した人は大学教授に収まったが、他の一人は無職になった。二人で協力して会社を成功させればそれが最善であったはずだが、利己的に考えてみると、教授になるのも次善策として悪くはなかった。

これは**「個々にとっての最適な選択が、全体としての最適な選択とはならない」**という、囚人のジレンマの実例である。

『君主論』が説いているのは、このような状況では先に裏切る方が有利なのだから、相手が信頼できない場合は信義を守ることにあまり執着しない方が賢明だということだ。

超訳

善行が良い結果を生むとは限らない

君主は冷酷になるよりは、慈悲深い人になるよう努力すべきだが、その使い方には気をつけなければならない。

慈悲深い行為が冷酷な結果を生むこともあり、冷酷な行為が慈悲深い結果を生むこともあるからだ。

君主が秩序を維持するためには、冷酷だという評判をあまり心配してはいけない。評判を気にして、無秩序を放置し多くの人々が殺されたり、掠奪されたりするよりは、冷徹な措置で秩序を打ち立てる方がマシだ。前者は大多数の人が被害を受ける反面、後者は悪行を犯した少数の人だけが害を受けるからだ。

イタリアのムッソリーニは、ヒトラーと同時代のファシズム指導者として、歴史に悪名が刻まれている。しかし、彼がイタリアのマフィアを根絶して、秩序をもたらしたことは、意外に知られていない。

マフィアは19世紀、シチリア島で小作農を搾取しながら成長し、縄張り内では政府よりも強大な権力を誇った暴力団である。１９２２年、イタリアの首相の座に就いたムッソリーニは、そのマフィアを徹底的に取り締まった。数千人の容疑者を裁判抜きに投獄、拷問し、ほとんどを根絶してしまったのだ。

マフィアが長い間勢力を維持できたのは、オメルタ（omerta）という掟のおかげだった。これは、組織の犯罪について口外すれば惨殺されるという規則だ。ムッソリーニが裁判なしで臨んだのは、この掟のせいで犯罪の証拠も証人も存在しなかったからだ。

彼は民主主義下では想像もできないような強引な手段を使って、イタリアに平和と秩序をもたらしたのだった。しかし、大戦終結後、米軍は投獄されていたマフィア構成員を政治犯だと錯覚して釈放してしまった。こうして彼らは復活し、ついには米国にまで進出してしまったのは、映画『ゴッドファーザー』の通りである。

このように、悪い手段が良い結果をもたらす場合もあり、良い動機が悪い結果をもたらす場合もある。

超訳

悪行は一気に、善行は徐々に

悪行を犯す上で最善の方法は、それを一気に済ませることである。加害行為の全てを一息に済ませて、それを繰り返す必要がないようにするのである。

いったん犯した後は善行で民心を安定させ、民衆の支持を受ければ良い。

このように悪いことは全て一気に済ませるべきで、善行は少しずつ、長い時間をかけて行うべきだ。

皮膚に貼った絆創膏を剥がす時、痛みを最小限にしようと思ったら一気に剥がすことだ。悪行も同じことである。企業の成績が落ち込んできた時、やむを得ず行う「悪行」にリストラがある。だが、同じリストラでも、これを上手く処理する方法と、組織に禍根を残す方法がある。

あなたが、ある大手企業の人事担当者で、1年間で365人をリストラしなければならないと仮定してみよう。一番悪い方法は、1年間にわたって毎日一人ずつリストラすることである。こうすれば、社内は密室から人が一人、二人と消えていくホラー映画のような恐怖に包まれ、社員の労働意欲は地に堕ちてしまうだろう。

一番良い方法は、1月1日に365人をリストラした後、1年間誰も解雇しないことである。そして、残りの一年間は職員たちの待遇を良くし、リストラの衝撃を和らげるのだ。こうすれば悪いことは1日で終わり、残りの364日間は良いことが続くことになる。

やむを得ず処断をしなければいけない場合は、「一気に」。これを覚えておきたい。

tips 偉人が成功できたのは善良だったから？

子供向けの偉人伝を読んでみると、偉人たちが成功した理由は、まるで彼らの善良さによるかのように書かれている。エジソンは人類の進歩のために多くの発明をしたし、ディズニーは子供たちに夢を与えるためにアニメーションを作った、という具合である。

結果だけを見れば、こう解釈することもできるかもしれないが、成功の真の理由を的確に説明したものではない。今日エジソンは、発明王であると同時に偉大な実業家として語られているが、実際の彼には資本力と特許を乱用して競争相手のビジネスを妨害し、自分が全てを独占しようとする悪徳企業家の面もあった。現在ハリウッドが映画の中心地になったのも、アメリカ東部ではエジソンが自分の特許を口実として、映画を制作しようとする人々をしつこく妨害したからだった。

これに呆れた映画関係者が一人、また一人と東部から逃げて西部に移り、今のハリウッドが形成されたのである。参考として述べておくと、エジソンが発明したのは映画の原理ではなく、フィルムの規格、つまり穴のサイズや位置などについて特許を持っていただけのことである。「発明王」という名声は、善良な手段で作られたものではなく、競争相手に勝つために手段を選ばなかったことの証なのである。

もう一人の「善良なイメージの企業家」であるウォルト・ディズニーはどうだろう。彼が創業したウォルト・ディズニー・カンパニーは現在、総資産が日本円で約5兆円に至る超巨大企業である上に、全世界の子供たちに夢と希望を与えてきた〝童心の帝国〟である。

さて、今日ディズニーアニメーションの隆盛に貢献してきた多くの人々が忘れ去られ、ただディズニー一人の名前だけが有名なのはなぜだろうか。それは、彼は会社の代表だという特権を利用し、他人の功績をわざと隠し、全てを自らの手柄かのように広報したからである。彼は自分が名声を独占することで、アニメーション分野の人材をも独り占めにした。そして普通の生活もできないような給料で社員から労働力を搾取したり、気に入らない部下には暴言を吐いて侮辱したりした。ミッキーマウスの生みの親は、お世辞にも善人とは言えない人物だったのである。

二人の偉人について、少し辛辣に書き過ぎたが、ここで言いたいのは、成功した人は必要以上に美化されることが多いから、成功についての幻想を捨てて現実を見つめる必要がある、ということだ。特に、偉大なリーダーたちは、リーダーとしては立派だったが良い人とは限らない場合が多かったということも、見逃してはいけないはずだ。「良いリーダー」と「良い人」は別物であるということだ。

Ultra

2章 尊敬されるリーダー 軽蔑されるリーダー

Translated Il Principe

あなたはウンザリするような上司の下で仕事をしたことがあるだろうか。もしなかったら、それは幸運だが、あったとしたら、その上司にはきっと「憎悪」か「軽蔑」の感情を抱いていたはずだ。

これはマキャベリの言う「君主が避けなければならない二つのこと」である。

もし「私は上司になったとしても、人好きのする性格だから大丈夫だ」と思ったならば、それは危険である。普通は嫌われない人も、リーダーになってから憎悪や軽蔑の対象となることがしばしばあるのだ。本章では、そうならないためにどうすれば良いのか、説くことにしよう。

超訳

君主が避けなければならない二つのこと

君主が必ず避けなければならないことが、二つある。

それは〝憎悪されること〟と〝軽蔑されること〟である。

この二つさえ避けられれば、君主は恥辱を受ける危険もないし、君主としての責務を成し遂げるにも難しさはなくなるはずだ。

考えてみれば、軽蔑されることと、憎悪されることは、君主に限らず誰でも避けるべきことである。この二つを受ければ、社会人は会社を辞めることになり、学生は友達をなくし、企業は倒産するだろう。

日本の雪印乳業は１９２５年に創業された由緒ある会社で、一時は売上高が３０００億円に至るほどの大企業だった。しかし、２０００年代になってから幾つもの事件が発生し、没落が始まった。

２０００年の夏には同社の低脂肪乳が原因で集団食中毒が発生、02年には子会社の雪印食品が牛肉偽装に伴う補助金詐取事件を起こした。

雪印乳業は、食品会社が備えているべき良心の欠如を露呈し軽蔑を買い、さらに国民の税金から出ている補助金を騙し取るという、低劣な社会犯罪にまで手を染めて憎悪をも買ってしまった。

遂には不買運動まで起こされた雪印グループは、上場廃止された後、バラバラにされて同業他社に売られていった。憎悪と軽蔑を同時に買った結果は、このように悲惨なものなのだ。

企業にしろ、個人にしろ、憎悪と軽蔑を買うのは没落の原因となるということを記憶するべきだろう。

超訳

君主が軽蔑されないためには

君主が軽蔑されるのは彼の気が変わりやすく、軽薄で、怠惰で、心が狭く、優柔不断な人物だと見なされる場合である。

従って君主はいつも決断力のある偉大な人物に見えるために努力しなければならない。こういった評判は彼への攻撃や反逆を難しくして、君主の立場を確固たるものにしてくれるはずだ。

軽蔑されないために、リーダーはいつも自分の言動に注意しなければならない。ハードディスクメーカー・シーゲートのＣＥＯを務めたビル・ワトキンスはこう言ったことがある。

「私たちの仕事は世界を変えることではないのです。私たちの商品はただ、人々がムダなソフトをもっと買うこと、そしてポルノ映画を観ることを手伝ってあげるだけです」

驚くほど正直なこの台詞は、よく考えてみれば事実ではあるが、ハードディスクメーカーの社長の言葉としては問題がある。このような考え方を持っているリーダーの下で、社員たちが仕事にやり甲斐を感じるだろうか。

このような軽薄な態度のリーダーは、軽蔑される恐れがある。シーゲートの〝君主〟の態度を、日本の便器メーカー・ＴＯＴＯと比較してみよう。もしＴＯＴＯの社長が「私たちの仕事は世界を変えることではないのです。私たちはただ……（略）」というような態度だったら、今日の成功があっただろうか。

「衛生陶器（トイレ）量産の先にある、生活価値の創造」という理念を堅持してきたからこそ、「日本の品格を輸出する会社」とまで言われるようになったのではないだろうか。

軽蔑されるか、尊敬されるかは、リーダーの態度にかかっているのだ。

超訳

君主が憎悪されないためには

君主が憎悪されるとすれば、自分の強欲で他人に被害を与えてのことだから、それには注意しなければならない。ほとんどの人は、財産と名誉を奪われない限り、君主に恨みを持つことなく満足して暮らすから、嫌われないのは、そう難しいことではない。

君主はただ、少数の野心ある者たちをよく管理すれば良いのだ。

上司を嫌う部下が、それを率直に口にすることはほとんどない。だから上司は、部下が自分を嫌っていることに気付かないまま日々を送るのだ。そしてある日、部下が昔から反感を持っていたことを知り、ショックを受けてしまう。

これでは一人前の上司とは言えない。かといって部下と意気投合しようと、彼らをやたらと飲み会に連れ回したり、無理にコミュニケーションを図れば良いというものでもない。筆者が過去に在籍していた会社では、社員を集めて体育大会を催し「コミュニケーションを図る」幹部がいた。彼は納期に追われて徹夜続きの社員をも体育大会に動員したため、すこぶる評判が悪かった。

実は上司が尊敬されるためには、特別なものなど何も必要ないのだ。

皆が知っている原則——

①明確な指示
②率先した行動
③結果の責任を負う姿勢

——などを常に守ることである。もっとも、これらを一貫して実践するには強い意志が必要である。

超訳

善行でも恨みを買うことがある

善良な君主も嫌われることがある。

たとえばローマ皇帝のペルティナクスは正義を愛する善良な君主だったが、腐敗した軍人たちを統制しようとした結果、彼らの憎悪を買って暗殺されてしまった。

ここで分かるのは、悪行に限らず、善行でも恨みを買うことがあるということだ。

従って、あなたが君主としての権力を維持しようとするなら、道徳に基づいてのみ行動してはいけない。たとえば、あなたがサポートを必要とする集団が、道義にもとり腐敗していたとしても、彼らを敵に回してはいけない。この状況での善行は、かえってあなたの仇となる。

ダイアン・フォッシーは、ゴリラ研究で画期的な業績を挙げ、有名になった米国の動物学者である。彼女は1966年から15年間、ゴリラと共に生活をしながら当時知られていなかったゴリラの生態を発見した。それは「ゴリラは人間と同じ、喜怒哀楽といった感情を持っていて、家族と群れを大事にする」などである。彼女はゴリラの言語も研究し、ついには彼らの信頼を得ることにまで成功した。研究は『霧のなかのゴリラ』という本にまとめられ、フォッシーは世界的な名声を得た。

その後に彼女は、世界に250体しか残っていないマウンテンゴリラを救う活動を始めたが、3年後にルワンダで何者かの手によって殺害された。犯人は強い恨みを持っていたものと見られ、彼女の顔はマチェテ（山刀）によって何度も傷付けられていたという。絶滅寸前の動物を保護しようとした善良な研究者が、なぜこのように残酷に殺されたのか。それは、ゴリラを保護しようとする彼女の努力が、密猟者に損害を与えたからだと推測されている。

ここで分かることはあなたが影響力のある人であれば、残念なことだが、善行でも恨みを買うことがあるということだ。従って、組織のリーダーは常に自分の決定が、誰かの恨みを買う可能性はないか、考慮しなければならない。そうすることで、将来起こる可能性のある問題の芽をあらかじめ摘んでおくのだ。

超訳

側近の恨みを買うリーダーは破滅する

強い恨みを持つ人間が、周到に立てた暗殺計画は、君主といえども避けることができない。死を恐れない者であれば、誰でも君主を殺すことができるからだ。

従って君主は、自分の側近や近しい部下に、深刻な害や侮辱を与えてはいけない。

刑事ドラマでお馴染みだが、殺人事件が起こって被害者が妻帯者だった場合、警察が疑う第一の容疑者はその妻である。それほど「害を与える者は近しい人である」可能性が高いということだ。君主も同じである。歴史上、君主が思慮の浅い行動で恨みを買い、破滅した事例は数えきれない。中でも面白いものを紹介しよう。

春秋戦国時代の中国、中山国《ちゅうざんこく》の王は家臣を呼んで宴を催した時、皆に羊肉のスープを配った。当時、羊肉のスープはたいへんなご馳走であり、家臣たちは舌鼓を打ったが、司馬子期《しばしき》という武将の番になってスープがなくなってしまった。屈辱を感じた彼は、敵国・楚に走り王を説いて中山国を攻めさせた。こうして滅亡した中山国の王は「スープ一杯で国を失った」と嘆息したという。

このエピソードは、さすがに後世の創作だと思われるが、**前々から不満を溜め込んでいた者なら、このような些細なことが、背信のきっかけになることもあるかもしれない**。現代でも、社長・上司に恨みを持った社員が、会社の機密をライバル会社に流出させたなどの事件が度々起こる。

だから、リーダーはいつも思慮深く行動し、不必要な恨みを買わないようにするべきなのだ。

超訳

嫌な仕事は押しつけろ

フランスでは貴族たちの横暴で民衆が苦労していたから、王は貴族たちを統制する必要性を感じていた。しかし、それは難しい仕事であった。民衆の味方になれば貴族が敵に回り、貴族の味方になれば民衆が敵となるが、どちらも良い選択ではなかったからだ。

そこで、彼は中立的な裁定役を作って、貴族たちを牽制し民衆を保護することにした。これが高等法院である。こうしてフランス王は貴族たちに嫌われずに、彼らに枷をはめることに成功したのである。

賢い君主は、嫌われ役は他人に任せて、恩を売る時は自分が引き受けるのである。

ビジネスでよく使われる商談テクニックの一つに「Good guy, bad guy（良い人、悪い人）」というものがある。これは商談相手に会う時、同席する部下の一人に悪役を任せ、あなたは善人を演じるというものである。悪役は相手の案を手厳しく批判したり、無慈悲に価格を下げるよう要求したりする反面、善人のあなたは相手に配慮したり、悪役をなだめて妥協点を探ったりする。

要するに、悪行専門の代理人を立てて、自分は良い姿だけを見せるということだ。こうすれば、相手に嫌われずとも、自分が望むものを容易く得ることができる。芸能人が代理人や事務所を通して出演料の交渉を行うのも、同じことである。芸能人自らが直接交渉に赴いて「ギャラを上げてくれ」などと争うのは、見苦しく、イメージダウンに繋がってしまう。現に、かの名優、トム・クルーズは代理人を通さずに出演料の交渉を行い、一部の顰蹙《ひんしゅく》を買ったという。

会社で人を解雇する時にも社長は直接「お前はクビだ」と言わず、人事担当者や上司に悪役が回ってくるのも、同じ理屈である。**このようにチームの誰かが悪役を担当するテクニックは、中世の政治から現代の商談まで、綿々と受け継がれてきたものなのである。**

超訳

リーダーは部下の富の創出を助ける存在である

君主は市民たちの経済活動を奨励し、彼らが安心して商業・農業などの生業を勧められるよう勧奨しなければならない。そうするためには、市民たちが持つ「いつか財産を収奪されるのではないか」という疑念を晴らし、税金が怖くて商業ができない者をなくさなければならない。

また、適切な時期に祭りを開催するとか、豪華なイベントで人々を楽しませた方が良い。

全ての都市はギルドや地域団体で成り立っているから、君主はこれらに関心を持たなければいけない。そしてこれらの集まりに参加して、自身の威厳と人柄を示し、気前が良いところも見せなければならない。

リーダーは直接働くわけではない。実際に富（＝利益）を創出するのは、個々の構成員である。良いリーダーとは、部下たちの活力や意欲を高め、富の創出を手伝える人のことである。これは当たり前のことだが、働く意欲を低下させる上司にならないことは、人の上に立つ最低限の条件と言っても良い。

某大手企業のレポートによると「部下たちの意欲を破壊する上司」には次のような種類がある。

①意図的に部下のプライドを傷つける上司……自分の権威を高めたいがために他の社員の前で部下を面罵したりする者。部下の意欲は著しく減退し、組織は無気力化する。

②部下の感情に無頓着な上司……部下の個人的な感情とか、わだかまりに無関心な者。部下に酷いストレスを与えながらも、その苦痛を理解しようとしない。組織の生産性が低下する。

③信頼できない上司……昇進、昇給、褒賞といった約束を守らなかったり、部下のアイディアを奪うなど、〝信用〟の観念が欠如した者。部下の会社に対する愛着や、仕事への情熱が失われる。

読者が上司の立場であれば、自身に当てはまるところはないか、考えてみて欲しい。読者が部下の立場であれば、これを反面教師としてもらいたい。

tips

リーダーはなぜ憎悪と軽蔑を避けるべきなのか

リーダーが、「憎悪されること」「軽蔑されること」、この二つを避けなければならない理由は、これがリーダーシップを失わせるからである。

古代ローマ帝国の暴君・ネロの名前は聞いたことがあるだろう。彼はローマの街に放火したことでよく知られているが、実はそれは事実ではない。なぜそんな説が流布したのか。

彼は芸術家を自認し、奇怪な扮装をして様々な劇に出演したり、実力がないのにもかかわらず歌手に挑戦したり、自作の詩を朗読してみたりと、奇行で軽蔑されていた。ローマ人たちはネロの行動は下品で、ローマの恥だとすら思っていた。さらに、ネロはキリスト教を迫害して、多くの人から恨みを買ってしまった。

そして64年にローマ大火で街が焼失すると、それを利用して自分の趣向で、街の三分の一に及ぶ巨大な宮殿を作るよう指示した。こうして「実はネロ皇帝が放火犯だ」という噂が広がってしまったのだ。結局、大衆から軽蔑と憎悪を同時に買ったネロ皇帝を、元老院は「ローマの敵」と規定した。皇帝の座を失ったネロは、軍の手にかかる前に剣で喉を貫き、息絶えた。

彼がこうした悲惨な最期を迎えたのは、リーダーが、リーダーらしくない行動をしたからである。一般人であれば「変わった人だなあ」程度で済む奇行も、彼が皇帝だったから問題になったのだ。部下たちはリーダーの一挙手一投足に注目しているということだ。

筆者が聞いた事例でもこんなことがある。某大手電器企業で、ある日、携帯電話開発部門の幹部が「ケータイの見た目なんて、どうでもいいよ」と発言したことが、あるデザイナーの耳に入りそれがデザイン部門全体に広まり、一気に嫌われてしまったことがあった。

過剰反応のようだが、問題は彼が幹部だったということだ。普通の人なら問題にならず、一瞬で忘れ去られるような発言も、リーダーが話せば皆が記憶するのだ。だから、リーダーはリーダーらしく振る舞うために、絶えず努力しなければならない。

とはいえ人は考えていることが、ついつい口をついて出てしまう生き物だから、日頃から「人の上に立つ者として相応しく」と意識して振る舞うと良いだろう。

Ultra

3章 他人に依存すれば必ず滅びる

Il Principe Translated

『君主論』では、人が成功する上で鍵を握る二つの要素を「ヴィルトゥ」と「フォルトゥナ」だと言っている。

ヴィルトゥは自分がコントロールできる内的な要素、つまり能力や才能や、努力などである。

フォルトゥナは自分がコントロールできる要素以外のもの、つまり外的な要素である。

たとえばポーカーをするとして、自分がどんな手札を持つかはフォルトゥナ（運）によって決まるが、それをどう使うかはヴィルトゥ（実力）によって決まるのだ。

手札の良し悪しを責めず、勝てる戦略を考えなければならないのは、人生においても同じだということを、本章では説いていこう。

超訳

成功の二つの要因

新興の君主が自分の国を建てる方法として、自らの力を使う方法と、他人の力を借りる方法の二つがある。もっと一般的に言えば、権力を握る手段としてはヴィルトゥ（実力）による方法とフォルトゥナ（運命）による方法がある。

ここに、芸能事務所を通じてアイドルデビューしようとする少女がいるとしよう。成功のためには歌とダンスの実力は必須である。ライバルたちに勝って、事務所に選んでもらうためである。しかし、その競争で生き残ったとしても、良い曲を与えられなければ成功することはできない。

作曲の能力は作曲家・作詞家の能力、つまり外的要素だから、少女はコントロールすることができない。この場合、歌やダンスの実力はヴィルトゥ（実力）であり、曲の良さはフォルトゥナ（運命）である。彼女の歌唱力が不足していて事務所を解雇されれば、それはヴィルトゥで失敗したということであり、デビュー曲に恵まれず鳴かず飛ばずであったら、それはフォルトゥナによる失敗ということである。

ただ、もし彼女の実力が事務所の中でも抜群のものであったら、優先的に良い曲をもらうこともできるはずだ。**つまり、ある程度のフォルトゥナは実力次第で変えることができるのである。**成功のためには内的要素（ヴィルトゥ）と外的要素（フォルトゥナ）の両方が必要なのはこの世の常だが、後者は不確実なものであるから、できるだけ前者に依存するのが賢明な戦略である。

超訳

自らの力で不幸も幸運に変わる

幸運とは無関係に、自身の能力だけで王となった者にモーセ、キュロス、ロムルス、テセウスがいる。彼らの生涯を見ると、与えられたのはチャンスだけで、それを成功に昇華させたのは、ひたすら彼らの力量だった。

モーセが指導者として成功できたのは、ユダヤ人がエジプト人の奴隷になっていた状況が好機となったし、キュロス王はペルシア人がメディア人に支配されていた状況を好機とした。彼らはこうした不幸な状況をも、自分の力量を使って成功へと結びつけたのだ。

普通の人は運が悪ければ何とかしてそれを克服しようとするが、非凡な才を持つ者たちは、その状況をも利用して成功に結びつける。モーセやキュロスは自民族が奴隷だったという環境を好機に転じ、成功したのである。

1991年、りんご生産量日本一の青森県を巨大な台風が襲い、およそ90パーセントのりんごが落ちてしまった。ほとんどの農夫は希望をなくしたが、ある者は残っている10パーセントのりんごを、どうすれば効果的に売ることができるかを研究した。

そして彼は台風に晒されても〝落ちなかった〟りんごだということを強調し「合格りんご」と名付けて通常の10倍以上の価格で売り出した。当時は「まさか、そんな都合良く売れるものか」と思った人もいただろうが、これが学生や受験生に大当たりして、今尚ブランドとして親しまれている。

つまり、成功のためには運に頼らないことだけではなく、仮に運が悪くてもそれを逆手に取ってもっと大きな成功に結びつける努力が必要なのだ。

超訳

他人の約束を過信する君主は没落する

そもそも人間は恩を知らないし、気まぐれで、狡猾で、危険を避けるくせに欲には目がない。だから、あなたが恩を施している間は、自分の生命・財産・子供まで犠牲にするかのような素振りを見せるが、いざ窮地に陥ればしっぽを巻いて逃げてしまうのだ。

従って、人の忠誠心や約束を信じて、いざという時のための準備を怠った君主は、自分の没落を自ら招くことになるのだ。

人と人との信用を何より重視する人は、「他人も自分と同じく信用を重視してくれる人だ」としばしば錯覚する。そして他人が約束を守ることを前提として、仕事を進行するが、その前提が破られては全体に危険が及んでしまう。

1600年、豊臣家家臣・石田三成は、秀吉の死後に急激に影響力を増した徳川家康を討とうと、軍を起こした。大義名分は、豊臣家の守護である。近江の茶坊主であった三成は、秀吉に見出されて行政官僚として身を立てたから、豊臣家への忠誠心は誰よりも強かった。

問題は、三成以外の西軍の諸将は利害関係を一にして集まった、いわば烏合の衆であって、命がけで戦おうという気概のある者が少なかったことだ。結局、家康の調略を受けた小早川秀秋や吉川広家《きっかわひろいえ》などが裏切って、西軍の戦線は崩壊、三成らは捕らえられて処刑された。

他人を、信頼が置けるものと決めてかかる者は、このように破滅することになるから注意するべきだ。

超訳

他人の力を借りて握った権力は不安定だ

あなたが、もし運良く他人の力を借りて君主になったとしても、なった後に権力を維持するのはすこぶる難しいはずだ。なぜなら、その後のあなたの運命は、後援者の意志と彼らの政治生命、この二つに左右されるからだ。この二つほど不安なものはない。後援者の心変わりや、突然の没落などに、あなたも一緒に巻き込まれてしまうのだから。

愛新覚羅溥儀《あいしんかくらふぎ》は中国最後の皇帝（清王朝）である。1912年に清が滅亡した後、彼は満州領有の大義名分を必要としていた日本に担がれ「満州国」の皇帝となったが、大日本帝国の敗亡と共に満州国も地上から消滅してしまった。二度にわたって、皇帝から平民に転落したのであった。

ベルナルド・ベルトルッチ監督の映画『ラストエンペラー』で、満州国の皇帝となった溥儀が日本軍将校の前で「日本と満洲国との対等な関係」について演説するシーンがある。将校たちは憤慨し、一人、また一人と退席してしまい、最後には溥儀一人が残る。この寂しいシーンは、日本国と満洲国の力関係を象徴するものとして、観客の心に残る。

自分の力ではなく、他人の力で握った権力とは、このようなものなのである。

今日でも、他人の力に依存する不安定なビジネスを目にする。偉大な創業者から会社を受け継いだ2代目社長、大手1社に依存する中小企業、自分は料理ができないがシェフを雇って食堂を経営するオーナー、プロデューサーに見出されて突然デビューしたアイドルなど……**一見華やかなその地位は、実は砂上の楼閣であって、建てるのは一瞬だが崩れる時も一瞬である。**

今の自分の立場がこういうものではないか、読者諸氏も考えてみて欲しい。

超訳

賢明な君主は他人の武力を借りない

どんな国であろうと、その基礎部分は良い制度と良い軍である。良い軍を持たなければ、良い制度を成立させることができない。良い軍とは、傭兵などを使わず、自国民で編成された自国軍である。傭兵は報酬目当てだから、綱紀は乱れ、忠誠心もなく、平気で裏切る。だから傭兵を雇えば平時には彼らに苦しめられ、非常時には敵に苦しめられる二重苦となる。今日イタリアがフランスに簡単に占領されたのも、傭兵に依存したイタリア人の失敗である。

日本の戦国時代にも雑賀衆《さいかしゅう》や根来衆《ねごろしゅう》といった傭兵集団がいたが、主力は当然自国軍であった。しかし傭兵が盛んなヨーロッパでは、お金を払って浪人たちを雇い国の防御を任せたのだ。

彼らはしっかり働いたのか？　自分の財産や家族を守るために戦っていたわけではないから、命がけで戦うはずもなかった。傭兵に土壇場で期待を裏切られ、結果滅亡した都市は数えきれなかった。

当然だが、**自分の財産や生命に関わる重要な仕事を、他人に任せてはいけない**。しかし、社会ではそうしたことで生じる問題がたくさんある。

ある銀行では自社のサーバーの管理を外注に依存していたが、ある日そのサーバーがハッキングされて業務が数日間麻痺した上、預金データを失ってしまった。全ての金融記録をコンピュータで管理しているのに、そんな重要な仕事を外部の会社に任せたのが失敗だった。会社の核心部分を外注に出すのは、あたかも傭兵に命を任せるようなものだから、注意しなければならない。

超訳

傭兵は百害あって一利なし

ここでは傭兵の欠点について、より詳しく述べよう。

傭兵のリーダーは有能な人物である場合もあれば、無能なこともある。

無能である場合、あなたは当然破滅するだろう。

有能であれば良いかというと、そうとも限らない。優れたリーダーは野望を持ち、あなたの命令に反して戦を起こし、自身の勢力を拡げようとするからだ。

このように、傭兵を使えば滅亡は避けられない道である。

従って、君主は自分の軍隊を持ち、直接彼らを統率しなければならない。

現代社会のビジネスにおいて〝傭兵〟にあたるのは、何よりも下請け、もしくはアウトソーシングだろう。アップルのような会社は、アウトソーシングを通じて自社工場を持たずとも、iPhoneやパソコンなどを生産しているし、製品の価格を安く抑えている。だが、自分たちの商品の核心であるソフトウェアやデザインだけは絶対に外部発注しない。このように、アウトソーシングを会社の利益とするためには、単純な仕事だけを任せ、核心的な仕事は直接手がけることだ。こうしなければ、アウトソーシングによって会社が破滅する場合もある。

筆者の知るデジタル防犯設備会社A社は、有能なプログラマーM君をアルバイトとして雇った。彼はA社で働く中で、同社で使われている核心技術であるソースコードを全て手に入れた。そして、彼はそれをA社のライバル会社・B社に入社する見返りとして提供してしまった。技術で後れを取っていたB社は、ソースコードを利用して技術の差を埋めてシェアを奪い、A社は莫大な損失を被った。

情報化社会である今日、このようなことがいつ起こってもおかしくない。そもそも傭兵は会社を渡り歩く存在だから、同業他社とも関係しているに決まっている。このように、現代でも〝傭兵〟は存在自体にリスクを孕んでいるから、会社の核心部分は必ず内部のスタッフに任せるべきなのだ。

超訳

援軍に依存すれば自滅する

援軍は、あなたが窮地に追い込まれている時、同盟国が派遣してくれる軍である。しかし、援軍は傭兵よりも無益な上に、とても危険な存在である。援軍はそれ自体を見れば有能な軍だが、彼らに依存する者はいつも悲惨な最期を迎える。

なぜなら、彼らが敗れればあなたも滅亡するが、彼らが勝利したとしても、その後の運命は彼らの掌中にあるからだ。

戦が終わっても立ち去らず、矛先をこちらに向けてくることだってあるではないか。

彼らは確かに優秀で、団結した組織である。

しかし、彼らが忠誠を誓っているのは、あなたではない、別の誰かなのである。

イギリスの主たる民族を指す「アングロ・サクソン」という言葉は、読者諸氏も聞いたことがあるはずだ。では、そもそもアングロ・サクソン人とは何者なのだろうか。もともと英国南部には、ケルト人という民族が、ローマ帝国の支配の下、平和に暮らしていた。だが帝国が没落してローマ軍がイギリスから撤収すると、それに乗じて北部（スコットランド）に住んでいたスコット人たちが、南部への侵略を開始した。

自分たちを保護する軍がいなくなったケルト人たちは、海の向こう側に住んでいた戦闘民族サクソン人に援軍を要請した。サクソン人は乱暴にして野蛮な民族だったが、ケルト人たちには選択の余地がなかった。援軍としてイギリスにやってきたサクソン人たちは、「あれ？　ここは俺たちが住んでいるところより良いじゃないか」と考え、ケルト人を駆逐し、そこに住むようになった。その後、サクソン人の隣に住んでいた野蛮人・アングル人たちもイギリスに移住してきた。このように援軍に依存したケルト人に取って代わってイギリスに居座ったのが、アングロ・サクソン人というわけだ。

この事例からも分かるように「援軍」には決して依存してはならないのだ。

超訳

独自の力を磨かなければならない

君主は傭兵や援軍を使わず、自国民で構成された軍隊をこそ、養成しなければならない。

どんな国も、自国の軍がなければ絶対に安全ではない。賢明な君主は、外国の軍を用いて勝利するくらいなら、むしろ自国の軍で敗北する方を選ぶ。なぜなら彼らは援軍を使って収めた勝利は、本当の勝利だと思わないからだ。古の賢人コルネリウス・タキトゥスは「自分の力に依らない権力や名誉ほど、脆く、不安なものはない」と言った。この言葉をいつも肝に銘じるべきだ。

１９９０年代のＪ-ｐｏｐ界で一世を風靡した歌手として安室奈美恵と華原朋美がいる。二人とも音楽プロデューサー・小室哲哉が育てた歌手である。が、華原朋美は小室哲哉と決別した後、音楽シーンから姿を消していった反面、安室奈美恵は10代から40代の4年代連続ミリオンセラーを記録するなど、第一線での活躍を続けた。

二人の明暗を分けたものは何だろうか？　安室奈美恵は〝小室ファミリー〟から離れた後、R&B、HIPHOPの方面にスタイルを求めるなど、新路線を獲得するために、不断の努力をした。反面、華原朋美は小室哲哉と決別した後、精神的に不安定になりスケジュールを守らないなど、奇行が問題となって所属事務所に契約を解除され、歌手生命を絶たれてしまった。

つまり、二人は出発点こそ同じであったが、小室哲哉全盛期の終焉の後に、自らの努力で独自の路線を追求した側は成功し、それに失敗した側は没落してしまったのである。**自分の力に依らない権力や名誉ほど、脆くて不安なものはないから、日々〝独自の力〟を磨かなければならないのである。**

超訳

他人の援助は美食に潜む毒の如し

フランスのルイ11世は、自国の歩兵を廃止して騎兵のみにし、歩兵はスイスからの傭兵でまかなったが、結果スイス軍の名声は高まった反面、フランス軍騎兵は、スイス軍なしでは何もできない脆弱な組織になってしまった。結局、それはフランスを没落させた原因となった。

思慮の浅い人間は、最初に美味を感じると、その奥に潜む毒に気付かない。賢明な君主は、災難が起きる前にその兆候を察知するものである。

　企業が失敗しないために、注意しなければならないことは色々あるが、最も大切な点を一つだけ挙げるとすれば、それは他人からの援助、つまり負債とか投資に依存しないことである。

　アニメーション化までされた某人気オンラインゲームRは、もともと韓国の有名ゲームクリエイターK氏が、少数の人々を集めて作ったものである。だが、日本で大成功して多大な利益を上げたにもかかわらず、K氏は一銭ももらうことができなかった。なぜだろうか。

　彼は制作チームが小さかった時、ある企業家から4000万円ほどの投資を受けたという。だが、その投資家はタチの悪い乗っ取り屋であり、少額で大株主になるとK氏を騙して彼の株まで奪い、会社から追い出してしまった。この会社は後に高額で買収され、K氏は軽率に投資を受けたことをとても後悔したが、手遅れであった。

　このように、投資など他人の援助に依存する人は、常に破滅の危険と隣り合わせなのだ。**最初の援助は実に美味かもしれないが、その奥には猛毒が潜んでいるのである。**

tips 外的要素と内的要素

世に言う〝人生の成功者〟たちが、宝くじを買い漁ったと聞いたためしがない。人生の逆転を全てフォルトゥナ（運）に賭ける人が成功者になれるはずがないから、それは当然なことと言えるだろう。

フォルトゥナ（外的要素）は不確実なものだから、頼らないに限る。逆にヴィルトゥ（内的要素）になるべく頼ることが大事なのだ。だが、ヴィルトゥに頼るからといって、フォルトゥナの役割を過小評価してはならない。それは「努力万能主義」に繋がるからだ。「努力すればきっと成功する」「全ての成功は努力から生まれる」「失敗の責任は100パーセント自分にある」などが、これにあたる。だが、現実はそうだろうか？ ただ外的要素の不確実性を認めたくないだけではないのか？

たとえば、映画『ハリー・ポッター』シリーズの主演俳優、ダニエル・ラドクリフを例に挙げて考えてみよう。彼はオーディションで数千名の競争相手に勝って、ハリー・ポッターの役を得た、実力のある俳優である。だが、その数千人の中には、演技自体は彼より上手な人も山ほど含まれていたはずだ。彼の成功は、彼の見た目がハリー・ポッターのイメージそのままだったことに基づいている。

現実の世界ではこのように、フォルトゥナが重要な役割を果たすことも多い。ハリー・ポッターは運が良いケースだが、逆に優秀な俳優が出演した映画全てが失敗してしまい、無名のまま消えていくこともしばしば起こるのだ。

では、どうすればいいのだろうか？

失敗の可能性を認めて、試行錯誤するしかない。サイコロを多く投げた方が、結果的に出て欲しい目が出る確率が高くなるのと同じく、挑戦の回数を増やすことで成功の可能性もどんどん高くなる。

努力万能主義とか、根性論が生じるのは、現実に存在する不確実性を認めたくないからだ。そんな考え方では、失敗の可能性を想定せずに仕事を進めたり、失敗の責任が100パーセント自分にあると思い込み、失敗を必要以上に恐れるようになってしまう。

現実の世界に内在している不確実性をそのまま認めて、確率で世界を理解し、失敗しても気にせず挑戦を繰り返すのが最善だということだ。前述の『ハリー・ポッター』の原作小説にしても、ブルームズベリー社から出版されるまで、他の出版社に12回も断られたという。それは著者のヴィルトゥ不足だったのか？　そうではない。いいフォルトゥナと出会うまで原稿を提案し続けた結果、それは出版されて世界的なベストセラーとなったのだ。

結論としては、成功をできるだけ他人に依存せず、自分の力量（ヴィルトゥ）に頼ること、そうしながらも不確定要素（フォルトゥナ）の役割を過小評価せず、失敗をあまり気にしないこと。そんな姿勢が成功のために要求されるのである。

Ultra

4章 こうすれば権力を維持できる

Il Principe Translated

良いリーダーになること自体も重要だが、リーダーは自分の権力を維持する方法も知らなければならない。

いくら優れた指導者の資質を持っていても、下手な振る舞いで、その座を奪われては何の役にも立たないだろう。

その座を守るためには、自分を狙う内部の敵から自らの身を守らねばならない。

そして、利害関係がある色々な人々の支持を確保する必要もあるし、側近の部下を含めて絶対多数の支持も得なければならない。

本章ではその方法について見ていこう。

超訳

内部の敵から身を守る方法

君主が反逆の陰謀から身を守る一番の方法は、大衆の支持を受けることである。なぜなら反逆者は、自分の反乱が大衆にうけると思う時に背くが、それがむしろ怒りを買うと知れば、たくらみを躊躇せざるを得ないからだ。意に反して反乱を成功させたとしても、反逆者は自分に敵対的な大衆と対峙することになる。

従って賢明な君主は、大衆の支持を受けるためにいつも努力する。

そして、そのためには何度も繰り返すように憎悪と軽蔑を避けるべきなのである。

２０１０年、チリのサンホセ鉱山で落盤事故が発生し、鉱夫たち33人が69日間にわたり地下に閉じ込められた（「コピアポ鉱山落盤事故」）。彼らは奇跡的に一人も欠けることなく救助されて全世界を感動させたが、地下で起こっていたことは、美しい救出劇とは違って壮絶極まるものであった。

食料不足からくる飢え、狭い生活空間による葛藤、三つの派閥に別れて内紛が起こるなど、鉱夫たちはいつ四分五裂してもおかしくなかった。そんな彼らを統率したのが現場監督、ルイス・ウルスアであった。ピーター・ドラッカーの愛読者でもあるという彼は、厳しい規律を作って皆に守らせ、役割を分担し、救出の日まで32人を巧みにまとめた。

鉱夫の中には統制しにくい不良も交じっていたが、リーダーに逆らうことはなかった。一体ウルスアは、彼らをどのようにして服従させたのだろうか。その秘訣は、ウルスアがいつも率先して自分を犠牲にし、利己的な行動をとらなかったことにある。**彼は、救助の手が差し伸べられた時も、自分以外の32人が救出されるまで待っていた。**

こうして絶対多数の鉱夫の心を掴んでいたから、一部の跳ねっ返りも彼に逆らうことができなかったのだ。このように、君主は秩序を守るために大衆からの支持に心を砕くのである。

超訳

絶対多数の支持を得ろ

君主たちは領土を防御し、反乱から自分を守るために城を築いてきた。しかし、君主が持てる最高の〝要塞〟は民衆の支持である。もしあなたが堅固な城を持っていたとしても、国内の民衆に嫌われていたら、城もあなたを守ることができない。

歴史上、役に立った要塞も、立たなかった要塞もあるが、これを過信して民衆の怒りを恐れない君主は、無知のそしりを免れないだろう。

全長2万2000キロにも及ぼうかという、中国世界遺産・万里の長城は、一般に秦の始皇帝が建設したとされている。が、そのほとんどは、明代に建設されたものだ。驚くほど長い時間をかけて、北方異民族に対抗して建設されたわけだが、それが意図通りの役割を果たしたのかは疑わしい。なぜなら、明が滅亡した原因は、長城が異民族に破られたことではなく、民衆の不満にあったからである。

明の滅亡の原因として、よくヌルハチの侵略、文禄・慶長の役などが挙げられるが、最も根本的な原因は、民衆の支持を受けなかったことである。政治は腐敗し、役人は民衆から搾取しながら自分の欲望を満たした。

まるでフランス革命前夜のように、農民は蜂起し、君主の権力はどんどん弱体化していったのだ。**国家の衰亡、会社の倒産を見ても、その崩壊は内部から始まると言って良い**。外敵は副次的な要素に過ぎないのだ。良いリーダーは部下の支持をこそ、組織を守る要塞とするのである。

超訳

権威と力だけに依存してはいけない

君主は、強力な軍隊を持っていても、武力だけに依存してはいけない。効果的な統治のためには、初期から大衆の支持を得る必要がある。

なぜなら、大衆が蜂起し、あなたがこれを武力で鎮圧するとなれば、大衆を敵に回すだけではなく、あなたの支持者まで失望させることになるからだ。

力のみを用いた征服は簡単だが、それを失うのも一瞬であることを知らねばならない。

本田技研工業の創業者である本田宗一郎は、米国の「自動車殿堂」入りを果たした、初めての日本人である。彼は「公害防止に関連する技術は全て公開する」という原則を持ち、社会的責任を重視した偉大な技術者であった。そんな本田宗一郎でも頑固な性格から、社内の技術者と対立したことがあった。

本田は自動車のエンジンを開発するにあたって、新しい水冷式エンジンではなく、空冷式エンジンに固執した。空気でエンジンを冷やす空冷式は、米国の新しい排気ガス規制法の基準を満たすことが難しい技術であった。

それにもかかわらず、彼は「空冷式以外はエンジンではない」とまで主張し、開発を強行した。しかし空冷式エンジンの商用化は失敗を重ね、ついに社内でこれを支持するのは本田一人という有様となった。そこで副社長で、本田が絶大な信頼を寄せる藤沢武夫が、**「あなたは本田技研の社長としての道をとるのか、それとも技術者として残るのか。どちらかを選ぶべきではないか」**と迫った。

本田はしばし沈黙したのち、**「俺は社長をしているべきだろう」**と言って、技術者として引退した。その3年後、世界で初めて前述の排気ガス規制法をパスした水冷型エンジン・CVCCが開発された。どんな偉人であろうとも、部下の意見に真摯に耳を傾け、支持をされながら仕事をしなければならないのだ。

超訳

有力者の支持より民衆の支持

国民の支持で君主になる方法は、貴族の支持を受けることと、民衆の支持を受けることの二つあるが、前者は後者に比べて権力を維持するのが、はるかに難しい。

理由は、貴族たちのほとんどは自分が君主と対等だと考えているから、簡単に従ってくれないからだ。また、貴族たちが望むのは、民衆から富を搾取して、欲望を満たすことだが、これを許容すれば民衆の恨みを買う。

民衆の数は貴族と比べものにならないから、君主の座は途端に危うくなる。従って、君主としては民衆の支持を集めるのが、良い戦略なのである。

資本主義下の株式会社では、株式を多く持っている者が王である。会社の意思決定は取締役や投資家などによって行われ、社員は給料をもらう代わりに上司の命令を聞くのが仕事である。

とはいえ、いくら株主が王で、上司が絶対的な存在だとしても、実際に額に汗して働くのは社員たちであることを忘れてはいけない。

取締役が、いくら巧みな意思決定をしようとも、現場で働く人たちが意欲をなくし、適当に働いてしまえば、会社は潰れてしまう。だから社員を尊重して、待遇に気を遣う会社は成長していくが、人材を消耗品のように扱う会社は、いずれ没落する。

組織行動学についての研究で名高い経営学者のトーマス・ライト博士は、勤労者の精神衛生と職業の満足度が、社の実績に及ぼす影響を研究した結果、「勤労者が幸せを感じる職場では、生産性が10～20パーセント高い」ことを発見したという。

このように、社員が働きやすい職場を構築するのは、会社の利益を上げることに直結する。**こういったことは、企業の社会的責任とか、道義的使命ではなく会社が成長するための生存戦略なのである。**

超訳

君主が大衆の支持を受ける方法

民衆を満足させるのは、貴族を満足させるより簡単だ。民衆が願うのはただ「抑圧されないこと」だけだからだ。

だから、あなたが民衆からの支持を望むならば、それは彼らを保護するだけで得られる。というのも、人間は迫害を受けると予想した人から恩恵を受けると、ただ恩恵を与えられるよりも、より感謝するからである。

君主が民衆の支持を必要とするように、上司は部下の支持を必要とする。それを受けるためには、何よりも部下を幸福にする必要がある。前述のトーマス・ライト博士によると、社員を幸せにするには、次のようにすると良いという。

①業務に集中できるよう支援すること
②ストレスが多い職場であれば、否定的な感情を減らす雰囲気を作り出すこと
③楽観主義を広め、肯定的な考えに誘導すること

加えて彼は、最初からプラス思考を持つ者を選んで雇用するのも良い方法であると言っている。

これらが、職場を明るくする秘訣なのだ。筆者は、これにもう一つ付け加えたい。それは、「人間が幸せを感じるのは安楽な生活からではなく、成功体験からだ」ということだ。社員は、自分の仕事が社会的に意味があり、それが成功していると感じると、強要せずとも自分から一生懸命に働くようになる。**部下を命令に従って動く機械として捉えるより、同じ目標を共有する同志として見れば、会社はもっともっと成長していくはずだ。**

超訳

宗教的な忠誠心を創造しろ

国家の種類の一つに教会国家があるが、これにローマ教皇が治めるバチカンがある。

教会国家は、設立した以後は特に努力せずとも維持することができる。

その理由は、この国家は宗教を基盤とした制度によって支えられるからだ。

これは伝統と信仰に裏付けされているから、君主がどう振る舞おうとも、その地位が揺るがないほど強固なものと言える。

アップル社は、そのファンの忠誠心が非常に強いことで知られる。その心酔ぶりは、宗教団体にたとえられるほどだ。アップルの新製品発表会を待ち望み、熱狂するファンの姿はまるで宗教団体の信徒のように見えるし、元ＣＥＯスティーブ・ジョブズのプレゼンテーションは、教祖の説教のようだった。

事実、ＢＢＣのドキュメンタリー番組『スーパーブランドの秘密』によると、科学者たちがアップルファンの脳をＭＲＩでスキャンしたところ、それは宗教の信徒のそれと酷似していたという。

ただ考えてみると、アップルに限らず、ヒットしたブランドには全て宗教的な側面がある。エルメスやシャネルを偏愛する女性、「車の最高峰はベンツ」「コーヒーはブルーマウンテンに限る」と主張する男性は数多い。

こうまで愛されるようになったブランドの共通点は、消費者に感動を与えたことである。たとえばエルメスを好む女性は、機械を使わずに職人が手作業で完成させた製品の質に感動し、ひいてはエルメスが持つ企業哲学に共感したのかもしれない。

一度受けた感動が、時間が経つにつれ盲目的な信頼に変わったのだ。ブランドであれ、会社であれ、リーダーシップであれ、一度それが宗教的な信頼と尊敬を勝ち得れば、その地位を維持するのは、そう難しいことではないのだ。

超訳

側近の忠誠心を維持する方法

側近の忠誠心を確保するためには君主が直接、富と名誉を手渡し、彼が他の方法でそれを追い求めないようにしなければならない。

つまり、側近が「この人と自分は運命共同体なのだ」と思うよう仕向けるのだ。

そうすれば彼は自分の既得権のためにも、政権が維持されるのを望むようになり、君主と側近との間の信頼関係は続いていく。

こうしなければ、二人の中の一人が不幸な最期を迎えることになるだろう。

北朝鮮の経済がよくないのはよく知られている。今も、餓死しないために北朝鮮から韓国に脱出する人の数はますます増加している。

それにもかかわらず、権力は金日成《キムイルソン》、金正日《キムジョンイル》、そして金正恩《キムジョンウン》へと親子三代の世襲が完了した。どうしてこのような政治体制を続けることができるのか？

その秘訣の一つとして、自分に忠誠を誓う側近に莫大な富を渡し「この人と自分は運命共同体なのだ」と確認させている、ということがあるのは間違いない。金正恩は時々、ベンツなどの高級自動車やヨーロッパの名品時計などを大量に購入しているが、これは自分の権力維持のために頑張る幹部たちへのプレゼントなのだ。

たとえば、という朝鮮中央放送の女性アナウンサーがいる。北朝鮮が核実験をしたとか、ミサイルを発射したといったニュースを、荘厳な口調で流麗に語る中年女性だ。日本のニュースでも度々流されるから、読者諸氏も名前は知らなくとも顔は知っているはずだ。

彼女も金正日から莫大な富を賜った特権階級の人間である。**彼女のようになると、自分の利益・保身のために、現在の政権が崩壊しないことを望むようになるのだ。**このように、金一族は幹部たちの富と名誉を繋ぎとめ、政権を維持しているのだ。

超訳

組織の利害関係を調節する

古のローマ皇帝たちには「どうすれば民衆と軍人、双方を満足させることができるか」という悩みがあった。下手を打つと、どちらか一方によって皇帝が破滅する場合もあり、重要な問題であった。

民衆は平和に暮らしたいから温和な君主を好み、軍人は自分たちの残忍性を満足させ、多くの戦利品を獲られるよう、好戦的な君主を望んでいた。

多くのローマ皇帝たちは、せめて武力を持つ軍からは嫌われないようにしようと努力した。それが成功したか失敗に終わったかは、彼らが軍からどれくらい尊敬されたのかにかかっていた。

現代の組織でも、異なる利害関係を持つ集団同士の間で、軋轢が起こる場合がある。典型的な例で言えば、会社で製品を開発する部署は、発売スケジュールを延長してでも完璧な製品を作りたいと望むが、営業部門では製品を早く売ろうと、スケジュールを短縮しようとしたりする。

そして技術者は最先端の技術を利用して製品を作りたがるが、経理部門は経費を節約するために費用が安い技術で生産することを好む。

人々は同じ案件に対しても、それぞれ異なる観点を持っているからこそ、こういった軋轢が生じるのである。このような場合、**組織全体の利と害を考慮し、利が害を上回るような判断をしなければならない**。

フィンランドの巨大電気通信機器メーカー・ノキアの開発部は、アップルのiPhoneが登場する以前に、タッチ・スクリーンを使った新しい携帯電話のアイディアを、首脳部に提案していたという。この時点ではiPhoneに先行するチャンスがあったのだ。

しかし、首脳部は新技術を用いると原価が上がると判断し、それを黙殺してしまった。その結果、世界の携帯市場を席巻していたノキア製品は、アップルなどに押され没落の一途を辿っていった。

超訳

絶対多数の支持は鉄壁の要塞となる

君主は財力と人力が十分でない場合は、無理をして領土を広げず、都市を頑強に要塞化して敵の侵攻に備えると良い。そうすれば外敵は無理をしてあなたを攻撃しようとしないはずだ。苦戦が予想される戦闘を始めようとする指揮官は滅多にいないからだ。

こうして防備を固めた上、市民の支持まで受けている君主は実に安全だ。このような国を攻撃するのは、誰にとっても難しい仕事である。

資金が潤沢でない会社は、無理をして会社を大きくしようとするより、しばらく自社の得意分野を伸ばし、集中する戦略が良い。そして社員が会社を愛し、やり甲斐を感じて働くようになれば、安定して経営することができるはずだ。

スイスのアーミーナイフを知らない読者諸氏はいないだろう。では、どんな会社が作っているのかは知っているだろうか？　それはスイスのビクトリノックス(Victorinox)という会社である。この会社の特徴は、福祉が非常に充実している点だ。社員の中には視覚障害者もいれば、夏にはアルプスで牛を飼育して、冬だけ働く社員もいる。趣味があればそれを支援し、工場の全ての従業員に1日3回、15分間体操をさせて健康を管理する。

ビクトリノックスはその名声ほどの大きな企業ではないが、スイスのアーミーナイフは世界中で知らぬ者はいない超有名ブランドである。**そのビジネスモデルは、城にたとえれば頑強な備えを持つ鉄壁の要塞のようである**。

その上、〝要塞〟の中の社員たちにも愛されているのだから、ビクトリノックスは突き崩すことのできない頑強な都市のようであると言える。

tips 人の上に立つということ

プリンストン大のゲスクィル教授が、ケニアの猿の群れの社会を研究した結果、ナンバー2の猿より、ナンバー1の猿のストレスの方がずっと大きかったという(2011年7月『サイエンス』誌)。

その理由は、ナンバー1の猿は、自分の座を維持するために、いつも気を遣わなければならないからだという。このように動物の社会でも権力の維持は、とてもストレスが溜まることなのだ。

上司になって感じるストレスという点では、人間にも似ていることがある。上司はリーダーとして自分の地位に相応しい人になろうとするが、自分の意思決定にミスがあって皆に疑念を持たれたり、自分より優秀な部下と働くことで実力不足が露見したりして、前述の猿と同じく権力の維持に不安を感じるようになる。

本文を要約して、君主が権力を維持する方法を書けば、次のようになる。

1、圧倒的多数から支持を受けること……一部の有力者の支援を受けるのではなく、多くの人から支持を受けること。常に率先して組織のために行動することで、それは得ることができる。

2、野望のある人を牽制すること……どんなリーダーにも、その権威に挑戦してくる者がいる。多数からの支持を得れば、そのような少数派は簡単に牽制することができる。

3、権威だけではなく、説得力で統率すること……命令する前に、人心を得るということ。いくら立派なリーダーでも部下を納得させる命令が出せなければ、支持を得られない。

4、側近の忠誠心を確保すること……優秀な右腕が「今の権力が続くよう」望むように、優遇すること。

5、熱烈なファンをつくること……自分の仕事に哲学を持ち、人々に感動を与え、一種の宗教的な信頼を得ること。

6、組織内部の利害関係に注意を払うこと……開発日程について営業部と開発部の見解は違う。原価についての経理部と研究部の見解は違う。社員と投資家の見解も違う。だから、このような利害関係を調整する努力が必要なのである（たとえばストックオプション制度は社員と投資家の利害関係を一致させる方法だ）。

Ultra Translated Il Principe

5章 リーダーは二面性を使い分けよ

「男が大きくなるためには、両極端の性格を兼ね備えなければならない」という言葉がある。「善良」と「邪悪」、「寛大」と「厳格」、「大胆さ」と「慎重さ」など、正反対の気質が、同居していなければならないということだ。

たとえば、完璧に善良な人間が、悪人との戦いで勝つことができるだろうか。勝つためには己を知り、敵を知る必要があるが、悪を理解できない人は敵を知らぬまま戦うということだ。

同じく、部下を働かせるためには寛大さと厳格さが共に使われなければならない。このように、本章ではリーダーが持つべき二面性について説いてみよう。

超訳

戦いには二つの方法がある

戦いには二つの方法がある。

一つは、法と正義によるもの。これは人間の方法と言うことができる。

もう一つは、力によることで、これは獣の方法と言うことができる。

多くの人は、一番目の方法が正しいと思うが、実際の戦いでは一番目の方法だけでは不十分な場合が多い。従って、君主は人間の方法と獣のそれを、共に使いこなすことができなければならない。

よく古の英雄が、幼い頃獣に育てられたとか、ケンタウロス（半人半獣）を家庭教師にしたなどという逸話が伝わる。こういった話は、君主は人間の本性と獣の本性を、同時に用いなければいけないということを比喩的に表しているのである。

こちらが「人間の方法」だけで立ち向かおうとしても、「獣の方法」を使う相手には効かないということだ。

たとえば、世界の政治家を悩ませてきた北朝鮮の核の問題がその良い事例である。北朝鮮が核兵器を開発していることは昔から知られていたが、その問題は30年近く解決されなかった。過去アメリカのビル・クリントン政府は北朝鮮が核兵器を諦めると約束をしたから、それを信頼して、補償として色々の経済的な支援までしたことがある。

だが、北朝鮮は最初から核兵器を諦めるつもりがなかった。北朝鮮は経済的な支援だけを得た後、密かに核兵器を開発し続けた。オバマ政府も北朝鮮の問題に対して策を持たないのは同様だった。オバマ政府は北朝鮮問題に対して「戦略的忍耐」という変な言葉を使ったが、それは「どう解決すれば良いかわからないから、何もしない」と言っているのと同じである。韓国政府も、北朝鮮の指導者と会って平和について約束したり経済協力などを進行したりしたが、北朝鮮はまったく変わらなかった。

何が問題だったか。韓国やアメリカの政治家たちは「法と正義」により問題を解決しようとしたが、北朝鮮の指導者たちは「獣の方法」で戦っていた。おとなしい方法は、それが通じる相手だけに有効なのだ。**自分が「法と正義」という土俵で待ち構えていても、相手が入ってこなければ勝負にならないのである。**

超訳

君主は知恵と力の両方を備えろ

賢い君主は獣の方法で戦うことを知っていなければならない。君主が模倣しなければならない獣は、狐と獅子だ。

獅子は罠にかかりやすく、狐はオオカミに勝てないから、君主は「獅子の力」と、「狐の知恵」の二つを備えるべきだ。この二つの中で、どちらか一つが欠けていても自分の権力を保持することはできない。

「獅子の力」とは実力にあたり、「狐の知恵」は戦略にあたる。『三国志』には様々な人物が登場するが、その中には獅子の気質を持つ者もいれば、狐の気質を備える者もいる。たとえば呂布《りょふ》は、獅子の力は持っていても、狐の知恵が足りなかった武将だった。〝飛将〟と称されるほどのずば抜けた武勇を誇り、用兵も巧みだったが、思慮と信義に欠けたがために滅ぼされた。

蜀漢を支えた諸葛亮は、伝説の軍師たちと比肩するほどの戦略家であり、正に当代最高峰の狐の知恵の持ち主だったが、獅子の力が足りず、志半ばで没した。彼の戦略は巧みであったが、そもそも仕えていた蜀漢が弱小国であり、十分な兵力を用いることができなかった。

ではこの二つの力を兼備していた人物は？　そう、曹操である。

曹操は〝乱世の奸雄〟として、勢力を急拡大し魏・呉・蜀の三国が成立した時点で、すでに他を圧倒する国力を持っていた。獅子の力を備えていただけではなく、彼は類まれな智謀の持ち主としても知られ、今日私たちが目にする世界最古の兵法書『孫子の兵法』も、曹操が編集したもの（『魏武注孫子』）である。彼の代で中国を統一することは叶わなかったものの、魏の勢力を受け継いだ晋が、それを果たした。

獅子の力と、狐の知恵。歴史の勝者はこの二つを、必ず備えているのである。

超訳

君主は善悪を兼備せよ

君主には、権力を維持するために信義に欠けようと、冷酷であろうと、非人間的に行動しなければならない時がある。従って君主は運命の風向と変化する状況が彼を制約するに従い、自分の行動をそれに合わせて自由に変化させる態勢が整っていなければならない。できるなら善良に行動すべきだが、必要な時なら悪行を犯すこともできなければならないのだ。

君主が善と悪、両面を兼備しなければならない理由は、前述した「獣の方法」によって行われる戦いでは、善だけで勝つことができないからである。歴史を紐解いてみると、帝国を建設した偉大な指導者や、大企業を作った創業者は皆、善悪を兼備していたことが分かる。

織田信長は、裏切者はたとえ血の繋がった弟であろうとも、容赦なく抹殺したが、自分が先に背信行為を働いたことは、ほとんどない。また、自分に忠誠を誓い、能力がある者は分け隔てなく厚遇した。

世界史上前例のないスピードで巨大帝国を築いたチンギス・ハーンも、侵略戦争で大虐殺を行うなど残酷な面があったが、盟約に重きを置き、受けた恩は必ず返すことで評判が高かった。また彼は兵士たちを兄弟のような存在と捉え、自分も同じ服を着て、同じ食べ物を食べて生活したという。

このように、大事業を成す人物というのは、身も凍るような冷血漢の顔と、優しく慈愛に満ちた顔、両方を併せ持っているのである。

超訳

規律のためには恐ろしいリーダーになれ

君主は、愛されつつも恐れられるのが望ましいが、現実的に両方を得ることは難しい。

従って、敢えて二つの中の一つを選択するならば、愛されるよりは恐れの対象になるべきだ。そもそも、人間は信じられない存在である。景気が良い時は、君主に永遠の忠誠を誓う人々が、状況が悪くなるとすぐに裏切ってしまう。だからこそ、恐れの対象になることは、信頼を維持するためにも必要である。人間は自分が恐れる人より、愛情をかけてくれる人を、躊躇なく傷つけるものである。

愛で繋がれている関係より、処罰と復讐への恐れで繋がれている関係の方が、ずっと結びつきが強いということを忘れないで欲しい。

組織の中の個人は弱い存在だから、苦難の時には自分が生き残るために、リーダーや組織をすぐに裏切ることができる。だからリーダーはそれを防ぐために、効果的な抑止策を講じなければならない。

それを、とても巧みに使ったのが古代ローマ軍である。ローマ軍は、指揮官を失っても兵士たちが自分のミッションを最後まで果たすことができるほど、よく訓練された最強の軍隊だった。

ローマ軍の掟は、恩賞はたっぷりと、そして罰は過酷に与えるというものだった。戦闘が終わると、全ての兵士たちは広場に集められ、賞を貰う人の名前が朗読された。戦功が多い兵士には驚くほどの褒美が与えられ、それが終わると今度は処罰が始まる。戦闘で背信行為を働いたり、味方に被害を与えた兵士は、皆が見ている前で侮辱されたり、給料を削減されたりした。最悪の場合は、死ぬまで殴られたという。

古代ギリシアの歴史家ポリュビオスは**「ローマ軍の刑罰は、兵士たちがこれを恐れて、同じ過ちを再び犯さないようにした最上の方策である」**と言った。このような恐怖のリーダーシップがあったからこそ、ローマ軍は最強の軍となったのであった。

超訳

恐怖の対象になっても憎悪の対象になってはいけない

君主は部下たちから恐れられるべきだが、恨みを買うことだけは避けなければならない。

誰かを処刑しなければいけないとしても、それは明白な理由がある時に限らなければならない。また、民衆に経済的な被害を与えてはいけない。後者が特に重要なのは、親の死はすぐ忘れても、遺産を貰えなかったことは決して忘れないのが人間の心理だからだ。

尊敬されるためには恐れられる必要があるが、それは憎悪の対象になることとは違う。

たとえば、『三国志』での劉備の忠臣、関羽と張飛。二人とも圧倒的な武勇を誇り、敵国に大いに恐れられた。もちろん部下たちからも恐れと尊敬の対象であった。ただ、二人の間には決定的な差があった。

関羽が部下を慈しみ、慕われたのに対し、張飛は粗暴に振る舞い、恨みを買っていた。そのせいで張飛は、張達《ちょうたつ》・范彊《はんきょう》という二人の部下に暗殺されてしまったのだった。小説である『三国志演義』では張飛が部下に暴力を振るったことが、さらに誇張されているが、彼が部下に暴力を振るったのは史料としても伝えられている。

恐怖の対象になることと、憎悪を向けられることは混同してしまいがちだが、右の二人のように、これらには明確な違いがある。立派なリーダーになるためには、この差をよく理解しなければならない。

超訳

自身の評判は選べる

愛と恐れの差を考察してみれば、愛されることは相手の選択によることだが、相手が恐れを感じることは君主自身の選択によるということが分かる。従って、賢明な君主は他人の選択より、自分の選択にもっと頼るべきだ。君主は愛されるよりは恐れられる方を選び、前述した通り、恐れられても恨みを買うことだけは避けなければならないのだ。

バスケットボールの神様・マイケル・ジョーダンは、自分を怒らせた相手をいつまでも覚えていて、機会を見て必ず報復していたという。だから、相手の選手たちはもちろん、同じチームの同僚たちも、彼を刺激しないように注意を払った。ファンの目には完璧なヒーローと映っていたジョーダンも、実はチームに君臨していた暴君であったのだ。

ジョーダンのチームメイトたちは、自分たちが試合でどんな些細なミスを犯しても、試合後にカミナリが落ちるのを知っていたから、皆必死に頑張るしかなかった。

このように、時として恐怖は、愛よりずっと力強いリーダーシップを発揮する。**組織が成功するためには、皆が能力を１００パーセント発揮する必要があるが、のんびりした雰囲気ではそれが不可能だからだ。**

いくら温和な人でも、一旦リーダーになれば、ある程度は恐ろしい面も兼備しなければならない。恐ろしい面と優しい面を共に使いこなしてこそ、組織の雰囲気を狙い通りに主導することができるのだ。

超訳

見た目は良い人でなければいけない

およそ、大成功した人物は狐のように、ずる賢く立ち回った者たちだが、その狐の気質は表に出してはならず、よく隠さなければならない。これは簡単なことで、ほとんどの人々が見ることができるのは、あなたの外見だけである。本当の姿を見る者はごくわずかだ。その者たちは、絶対多数の人々が外見だけを見て誉めそやす中にあって、敢えて反論はしない。人々がもう一つ見るのが、結果だ。あなたが戦争で勝利を収め、国を良く維持すれば、その過程の手段など関係なく、皆に賞賛されるだろう。

戦後最年少で内閣総理大臣となった安倍晋三は、自分の最大の長所は「温和に見えるところ」だと言ったことがある。彼が実際に温厚な人物なのかは別として、そう見えるのはリーダーにとって、とても大切である。**リーダーシップは組織の構成員の支持なしには成立しないものだが、その点、彼らは温厚そうなリーダーを好むからだ。**

70年代に人気を博し、NTT東日本の広告としてもリメイクされたアニメ『科学忍者隊ガッチャマン』には、5人の個性溢れる主人公が登場する。1号は白いコスチュームに身を包んだ明るいイメージの男、2号は黒い服を着た暗いイメージの男、3号は女性、4号は子供、5号は愛すべき巨漢である。

当然だが、当時の子供たちには1号と2号の人気が最も高かった。ささきいさおが演じる皮肉屋の2号は、素直に1号を応援することを良しとしない〝通〟な子供たちの人気を集めたが、大衆的な人気では、ついに1号を超えることはできなかったという。

より多く、より幅広い層からの支持を必要とするリーダーがどんなイメージを持つべきか、よく考えて欲しい。

超訳

だが、実際に良い人である必要はない

賢明な君主は慈悲深く、義に厚く正直で、信仰心も深い人物に見られる必要がある。

だが、必要な時には、その正反対の行動ができなければならない。

良い人に見られるのはとても得だが、実際に良い人になるのは、君主にとって害になると断言できる。

「真に善良な性格は、君主に害を及ぼす」という主張を理解するために、次の事例を見てみよう。イギリスの植民地だったインドを独立させようとアヒンサー（非暴力）で対抗したマハトマ・ガンディー。彼はその善良な性格からイギリスに騙され、戦争に協力したことがある。

イギリスは第一次世界大戦時、兵力を増強する目的で「インドが戦争に協力すれば独立を約束する」とガンディーに持ちかけた。このような虫の良い提案は、まず疑ってかかるのが当たり前だが、ガンディーはそれをそのまま信じてしまったのだ。彼はインドの青年に入隊を勧めたりして、イギリスの戦争に積極的に協力した。**自分が嘘をつかない人であったから、相手が嘘をつく可能性を考慮できなかったのだ。**

このように悪の面をまったく持たない人は、敵の策略を見通せず、その意図通りに騙されてしまう。そんな者がリーダーになった組織は、困難に見舞われるだろう。リーダーになるために邪悪になる必要はないが、他人の利己心を理解しようとする努力は必要である。悪を理解できない人は、自分を陥れようとする敵の戦略を見通すことができないからだ。

超訳

政策は自分の信念より状況によって決めるべき

善良な行動をした君主の中には成功した者がいる反面、破滅した者もいる。同じく邪悪な行動をした君主の中にも成功した者がいる反面、破滅した者もいる。

従って、あなたは善良な君主を模倣する必要はなく、邪悪な君主を見習う必要もない。

それは状況により違うことなのだ。たとえば、権力を掌握するためには、必要に応じて邪悪な方法を使い、いったん権力を握った後は、それを維持するために善良な方法を使うことができるのだ。

善良な政策を使って成功した例として、1982年、アメリカのイリノイ州で起こった「タイレノール事件」がある。何者かが市販の解熱鎮痛剤・タイレノールに毒物を混入させ、7人の死者を出した衝撃的な事件である。製造会社であるジョンソン・エンド・ジョンソン社は、この事態を包み隠さず公表し、**莫大な宣伝費をかけて「タイレノールを飲まないよう」全米の消費者に訴えた**。この勇気ある決断で同社は消費者からの信頼を得て、事件後にはシェアを回復することに成功した。

これは紛れもなく、善良な政策が功を奏した例である。では、どんな状況でも、善良な手法が有効なのだろうか。ペプシコ社の事例は、そうではないことを教えてくれる。

2009年、ペプシコ社は、テレビの広告費を削る代わりに慈善事業に力を入れ、それを使って会社を宣伝し始めた。「テレビで見る機会は減っても、最後には消費者たちに、私たちの社会貢献を評価してもらえるはずだ」と考えたのである。しかし、広告費を減らした結果、売上は深刻なダメージを受けてしまった。

このように、善良な行動が自分の利益になる場合も、損害になる場合もある。**全ては状況によりけりだから、どちらが良いと断言することはできない**。善行にしろ、悪行にしろ、その利と害を冷静に比較して、利が上回る施策を選ぶ力を身に付けなければならない。

tips なぜ両極端の気質を兼ね備える必要があるのか

リーダーが、正反対にも見える両極端の気質を兼ね備える必要があるというのは、周りの状況によって、柔軟に行動方針を選ぶためである。あまりに慎重な人は、大胆な行動力が要求される状況では失敗しやすいし、あまりに大胆な人は、慎重な態度が要求される状況では失敗しやすい。

もし慎重さと大胆さを兼備している人がいたら、どんな状況にも適応できるはずだ。部下を働かせることも同じである。厳格さだけで引き締めるのも良くないし、寛容の精神が行き過ぎても駄目だ。二つを同時に用いなければならないのだ。

中国の名君として名高い宋の太宗は、

「国を統治する方法は〝寛〟と〝猛〟の均衡を保つことである」

と言った。言うまでもなく〝寛〟とは寛大さで、〝猛〟とは厳格さのことである。

『孫子の兵法』では、

「将軍が〝文〟で兵を心服させ、〝武〟で統制すれば、それは必勝の軍となるのだ」

と説いている。〝文〟は仁義、愛、恩徳を指し、〝武〟は厳格さ、軍令、刑罰のことだ。

春秋戦国時代の兵法書『尉繚子《うつりょうし》』でも、

「立派な将には〝愛〟と〝威〟がある」

と言っている。『孫子の兵法』とほぼ同じ意味である。

メジャーリーグで野茂英雄を受け入れたロサンゼルス・ドジャースの名将トミー・ラソーダは、

「監督の仕事は、鳩を手に握ることと同じだ。強く握ると死ぬし、あまりに緩めると逃げていってしまう」

との言葉を残した。このように、リーダーシップのあり方は、古今東西で共通しているのだ。優しい面と恐ろしい面を兼備したリーダーが組織を成功に導くと、歴史が語っているということである。

かのアップルのスティーブ・ジョブズも、部下の仕事が気に入れば感じ入って興奮し、その反面、気に入らなかった時には口を極めて罵った。昨日「天才だ」と誉められた人が、翌日には「馬鹿が」と罵られることが続いたため、人々はそれを〝英雄と馬鹿のジェットコースター〟と呼んだという。

この事例は、リーダーとして成功するためには、「いつも優しい人になろう」とか「いつも厳しくいよう」などと方針をあらかじめ決めるのではなくて、自分の心や状況に従って、振る舞いを選べば良いということを教えてくれる。

Ultra Translated Il Principe

6章 未来に備えることがリーダーの務めである

未来に何が起こるのか、完璧に予見できる人は存在しない。識者たちはしばしばそれを試みるが、残念ながら見識があるからといって未来が見通せるわけではない。

たとえば、過去のパソコンの胎動期に、著名な学者たちは「紙のないオフィス」を予想した。が、結果は私たちが知る通り、その正反対だった。プリンターの普及で、紙の消費量は歴史上最大になってしまったのだ。

多くの事例から分かる通り、未来にきちんと備えることができるのは、利口な者ではなく、賢明な者である。

本章では、未来に備えるリーダーの姿勢について説いてみよう。

超訳

君主は常に自己啓発につとめるべき

君主は、いつも自分と自分の部下を訓練しなければならない。その訓練には肉体的なものと、精神的なものがある。

肉体的なものについて言えば、狩りなどで体力を鍛えるのと同時に、領土の地形をよく観察して、熟知すべきだ。これは戦時に戦略を立てる際に、とても役に立つ。

精神的なものについて言えば、歴史書を通じて模範となる偉人たちの業績を常に研究しなければならない。彼らの戦争の仕方と、勝敗の原因を分析して長所・短所を学ぶべきなのだ。

このように賢明な君主は、平和な時にも怠けることなく勤勉に逆境に備える。だから、たとえ運命が一変しても、その変化を克服する備えができているのだ。

ここで言う「精神的訓練」と「肉体的訓練」とは、理論と実務のことを指している。

馬に乗って領土の地形などを知りながら肉体を鍛錬するのは、実戦に備えて実務力を鍛えるということである。偉人たちの成功と失敗を研究するのは、正しい戦略を立てるために理論を勉強するということだ。

１８６７年の日本の明治維新は、世界史上稀に見る鮮やかな革命だったが、その主役が下流階級の武士たちであったことに注目する必要がある。なぜ上流階級の武士たちのほとんどは、時代の変化に適応できなかったのか？　それは簡単なことで、下流階級の武士たちは既得権益がなかったから、生き残るために勉強するしかなかったのだ。吉田松陰が主宰した松下村塾は、その最たる例だ。

身分で差別されることなく勉学に励んだ彼らは西洋の文化を学び、幕末の動乱の中で実務力を磨いていった。**彼らが理論と実務、両面を常に鍛えながら未来の変化に対応する能力を育てていった**から、明治維新の主役となることができたのだ。

超訳

常に本番を想定した日常を送れ

ギリシャのフィロポイメン将軍は、名将として長く歴史家から誉め称えられてきた。

彼が成功したのは、平和な時にも、いつも戦術を考えていたからだ。友人と原野をぶらつく時も、彼はしばしば足を止めて自問した。

「敵があの丘にいたとして、我が軍がここにいたら、どちらが有利だろうか？ ここから敵を攻撃するなら、どのようにすれば良いだろう？ 退却するとしたら、どのように退くべきだろう？」という具合である。

彼はこのような疑問を友人にもぶつけ、色々な根拠を提示しながら議論を深めた。この常に戦略を考える習慣のおかげで、実際の戦争において、フィロポイメンが対処できないような状況は滅多に発生しなかったのである。

格闘家が行うメンタルトレーニングの一つに、道を歩いている時、向こうから来る歩行者を観察しながら「今この人と戦うとして、どのように挑めば良いだろう?」と自問する手法があるという。つまり、突然その人と戦うことを想定して、どこを打ち、どこを防げば勝てるか頭の中でシミュレーションをしてみるのである。これを繰り返せば、実際の試合で現れる対戦者に戸惑うことはなくなるだろう。

このような脳内シミュレーションは、どんな分野でも役に立つ。あるナンパの達人は道行く女性を観察しながら「あの女に声をかけるとすれば、どのような話題を振れば良いだろう」「あの女は知らない男に道で話しかけられた時、どういった反応をするタイプだろうか」といつも考えているという。

常に〝本番〟を想定して日常を送ることで、どんな状況でも対処できるようになるのだ。あなたも自分の分野で、このトレーニングを応用してみてはいかがだろうか。

超訳

戦略の選択

誰であれ、一つの政策が絶対に安全だと確信はできない。全ての行為は、各々それなりの危険を伴う。その危険を避けるために、他の代案を選択すれば、そこにも別の種類の危険が内在している。従って、慎重な君主はそれぞれの危険を比較し、損失が一番少ないと思われる政策を選択するのである。

学校で成績が優秀だった人が、社会に出てから優れたリーダーになる例は、そんなに多くない。その理由は、賢明な意思決定をする能力は試験で高い点数を得る能力とは別物だからだ。

というのも、**意思決定に必要なのは頭の良さより態度である。**賢い人は自分の能力を過信し〝不確実性〟を過小評価する傾向がある。

「世界最大の地震国である日本に、それも大津波の危険がある場所に、原子力発電所を建設するのが正しいのだろうか？」という疑問があったとして、普通の人は「これは危ないだろう」と思うはずだ。しかし利口なエリートたちは「いや、我々であればコントロール可能だ」と確信してしまう。自分と専門家の能力を過大評価する一方、ヒューマンエラーや天変地異の可能性を過小評価してしまうのである。

世界最古の兵法書『孫子の兵法』にはリーダーが戦略や政策を決める際に、「利と害を天秤で比較するようにして、冷静に」決めなければならないと説いている。これは知能ではなく態度の問題だから、**全ての偏見と傲慢さを捨て去り、もっと謙虚になるべきなのである。**

超訳

問題点は早期に発見せよ

すぐに鎮圧すれば簡単に解決できた混乱を、放置して拡大した後に解決しようとすれば非常に難しくなる。これは病気にもたとえられる。初期症状の診断は難しいが治療は容易い。

しかしその反面、病状が進行してしまえば診断は容易くなるが、治療は困難となる。

従って君主は、将来起こるかもしれない問題を予想して、その小さい兆しが見えた時にそれを素早く解決すべきなのである。

一つの大きい事故の前には、29個以上の軽微な事故と、300個以上の兆候が感知されるという。これは、米国の保険会社で技術・調査部の副部長を務めたH・W・ハインリッヒの分析で得られた統計なので「ハインリッヒの法則」と呼ばれる。

実際に、今日の交通事故の統計を分析してみれば、1回の死亡事故の前には35〜40回の重軽傷事故が発生したことがあり、数百件の交通違反があったという。詐欺事件、殺人事件などの犯罪にも言えることである。

会社が倒産するのも同じことで、兆候もなしに突然潰れる会社は存在しない。兆候を見落として、早期に発見できなかっただけだ。スタンフォード大学のロバート・サットン教授は「失敗の事例が少ない組織は、失敗を隠す組織である」という言葉を残した。失敗について厳しい会社では、部下が犯したミスが、上に報告されない傾向があるが、これほど危険なことはない。こんな組織のリーダーは、磐石だと思っていた組織が、ある日突然深刻な問題で没落することになるが、自業自得である。

「終わり良ければ全て良し」などという態度が、部下たちが小さな問題を隠す原因となるのである。

超訳

気前が良いのとケチ、どっちが良い？

「あいつは気前が良い」「あいつはケチだ」——どちらの評価が望ましいだろうか？

気前が良いのは悪いことではないが、その評判を維持しようとすれば結局、全財産を使い果たしてしまう。国庫が尽きたら国民に重い税金を負担させて、富を収奪しなければならなくなる。

こうなれば、あなたは民衆から恨みを買うはずだ。結局、荒い金遣いを誇示した挙げ句、財産は尽き、誰にも尊敬されなくなる。だから、君主は「あいつはケチだ」という評判に気を遣うべきではないのである。

不確実な未来に備えるために、最も大切な美徳は節約だろう。指導者の浪費が、彼に従う者たちの損害に繋がるのは、会社でも同じことである。幹部が出張する時、贅沢なホテルに泊まるためには社員たちの月給を減らさなければならないし、社長が豪勢なオフィスを持つためには大切な投資金を浪費しなければならない。そして何よりも、気前の良い金遣いで自分の富を誇示するようになると、増長して失敗をしやすくなる。

過去の偉大なリーダーたちは、成功した後にも倹約を続ける傾向がある。マイクロソフトの創業者、ビル・ゲイツは出張する際に、飛行機でファーストクラスに乗るのを嫌った。高い駐車料金には不満を漏らし、400円ほどのランチを口にした。ゲイツに次ぐ巨富を築いたウォーレン・バフェットも、踵がすり減った古い靴を履く。スティーブ・ジョブズも、アップルのCEOに復帰した時、前任のCEOが使っていた贅沢なオフィスを嫌い、使わなかった。

このように、**偉大なリーダーたちは、気前の良い金遣いが「百害あって一利なし」だということをよく分かっているのだ**。これは実利を考えてのこともあるが、気前を良くすることで変化する精神の問題でもあるからだ。

超訳

倹約家が最後に笑う

君主が国の金で気前を良くすればするほど、その恩恵を得られる人は周囲の者に限られる反面、大多数の国民は被害を受けることになる。だから、権力を握る前は気前良く行動したとしても、握った後はケチになる必要がある。

今まで「偉大な君主」と言われた人は皆、ケチだという評判が立った人物だった。それは自分を守るためでもあり、民衆から富を収奪しないためでもあり、財政の破綻を避けるためでもある。ケチなことこそ、国をまともに統治するために不可欠な悪徳の一つなのだ。

マイクロソフトの創業者ビル・ゲイツは、世界長者番付のトップに何度も名を連ねる資産家である。そんな彼の財産を2010~2013年の4年間にわたり凌駕していたのが、メキシコの大富豪、カルロス・スリムである。彼は最初、父から相続した財産で事業を始めたが、その時には現在ほどの巨富の持ち主ではなかった。

そこから彼が世界一になった秘訣は、経営の悪化した企業を安値で買収し、経営の効率を高め優良企業へと変身させることを繰り返したことである。

具体的には、引き受けた会社が余計な所に浪費していたお金を節約するなどして、財政を健全化したのである。そうやってスリムが金の成る木にした会社には、メキシコの国営電話会社テルメックスや、中南米ナンバーワン通信会社のアメリカ・モービルなどがある。

引き受けた企業に節約をさせて、企業の価値を高めたということだ。簡単に言えば、彼は節約精神のおかげで長者になったのである。

「節約」と言うと資産の限られた人が、限られた中でいかに無駄を省くかというイメージがあるが、すでに大資産を持つ人が、さらなる富を上積みするための方法でもあるのだ。要するに、人は貧乏でも金持ちでも、常に倹素なのが最善であるということだ。

超訳

失敗の原因は自分自身にある

君主は、自分自身の能力だけを頼りにしなければならない。あなたが君主だとしても、実際に困難にぶつかった時、誰も助けてくれないかもしれない。常に侵略に備えることもせず、援軍や民衆の助けを期待するのは情けない。

たとえ他人の力を借りて立ち上がったとしても、それはあなたの立場を堅固にしてくれるものではない。没落するのは結局、自分自身の責任だから、王国を失った君主たちは不運を嘆くのではなく、自身の無能を反省しなければならない。

ソニーの創業者・盛田昭夫の長男、英夫の失敗が話題になったことがある。彼は父から莫大な財産を相続したのだが、成功を引き継ぐことはできなかった。まず英夫は、ソニー内部の反対により、父の後継者にはなれなかった。そして、彼が約500億円を投資して新潟県に建設したスキー場も人気が出ず、巨額の赤字を計上してしまった。

さらに、英夫が100パーセント出資した投資会社も失敗し、それを挽回しようとする過程で税法の知識が足りずに脱税を犯した。結局は自分の事業の全てを清算し、父の遺産を吐き出すことになってしまった。

人は彼を「ツイていない人だ」と言うが、そうなったのは不運のせいだろうか。もし英夫に事業で成功した実績があれば、社内の幹部も彼を後継者に推したはずだ。さらに、スキー場経営や投資会社といったビジネスは、よく知りもしない分野に、金にあかせて進出してみたように見える。

恵まれた条件で人生がスタートしたとしても、不断の努力と綿密な戦略なしでは、それを失うのは一瞬だということを、私たちはこの事例から学ぶことができる。

tips 偏執症患者だけが生き残る

かつてインテルの初代ＣＥＯアンドリュー・グローブは『偏執症患者だけが生き残る（Only the Paranoid Survive）』という本を書いた。その日本語版は１９９７年に『インテル戦略転換』として発売された。日本の版元は、原題の「偏執症患者」という文言が読者に否定的な語感を与えることを恐れたのだろう。

だが、この本の原題には、重要なメッセージが込められている。経営者は、偏執症患者のようにいつも緊張し、将来起こる恐れのある問題に備えるべきだということである。

楽観的な人は「人生の心配の90パーセント以上は起こる可能性がほとんどない心配だ。あまり心配するのは良くない」と言うが、グローブによれば、それは良くない態度だということだ。彼は、常に肯定的な考えを持っている者や現状に満足している者は淘汰され、いつも心配しながら未来に備える者が生き残ると言っているのだ。

心配というのは、実は人間の生存本能に由来するものだから、自分の心の中の小さな声に耳を塞いではいけないのだ。さて、将来に備えるリーダーの姿勢について、本文を要約すると次のようになる。

1、鍛錬……常に工夫し、訓練し、自分を鍛えること
2、戦略……いつも様々なシナリオを想定して、戦略を立てる練習をすること
3、予防……問題の兆候があれば、早期に根絶すること
4、節約……いつも資金を節約すること
5、独立……他人に頼らず、自主独立すること

人生で発生する問題のほとんど全ては、お金の問題である。だからこそ将来に備える上で最も重要な事柄は、常に節約して資産を増やすことである。たとえば、ビジネスを始めてみれば、予想外の出費がかさむ。医者はどんな社会でも高所得が得られる職業として知られているが、医学の発達により、設備の価格も上がるため、フルセットを揃えるのはどの開業医にとっても負担である。

1台1000万円を超える医療機器を買ったところで、何年後に新しいバージョンが発売されるか分かったものではない。かといって躊躇していると「最新の設備を完備！」と謳うライバルに先を越されてしまう。

別の仕事にしても、在庫を予想以上に抱えて、その倉庫費がかかることもあれば、パソコンとは関係のないビジネスだと思っていた事業にサーバーが必要になったり、税金がかさんだり……。

こんな「予想外の出費」は人生に付き物なのである。だから、その「まさか」に備えて常に節約して将来に備えるのが、地味ではあるが正しいリーダーの姿勢なのである。

Ultra

7章 部下をうまく使う磐石の組織運営

Translated Il Principe

あなたが思い浮かべる〝最悪な上司〟とはどんなイメージだろうか。優秀な部下を差し置いて、自分と親しい者を昇進させたり、諫言を無視して〝イエスマン〟の意見ばかりを聞いたり、社内政治で会社の秩序を乱したり……こんなところだろうか。

確かに最悪だが、これは意外と多くの人が犯す間違いである。

上司になる前はなかったようなおべっかを使われるし、色々な政治的利益で誘ってくる派閥の誘惑もある。これらは全て破滅へと導く、悪魔の囁きである。

本章では、リーダーが組織を成功させるために注意しなければならない事柄について説いてみよう。

超訳

分裂した組織は脆弱だ

味方の中に派閥を作って、自分の権力を維持しようとする君主がいる。しかし、外国からの侵略で戦争が起これば、その政策の愚かさは満天下に知られるようになる。なぜなら、侵略があれば、味方の弱小派閥は彼らと結託する傾向があるからだ。内部分裂を起こしている国家は、侵略を受けるとすぐに滅亡してしまうのである。

1980年代中期まで、日産自動車は「技術の日産・販売のトヨタ」と呼ばれるほど評判が高く、日本国内2位、世界でも6位の自動車メーカーだった。しかし、以後は没落し始め、90年代末には外部の投資を受けなければ破産するほどの不堅実な企業となってしまった。

その原因は、社内の派閥間抗争であった。東京大学出身の幹部が多かった日産では、彼らを中心とした派閥が作られ余計な所にエネルギーを浪費した。重要な決定も「他の派閥が提案したもの」という理由で覆したことがあったという。

経営者たちが会社のためではなく、自分の派閥と利己心のために行動する会社が成功するはずもない。

その後カルロス・ゴーンが日産を再建したのは有名な話であるが、これができたのは彼が派閥に縛られない異邦人で、純粋に会社のための意思決定をすることができたからでもある。

組織の内部に派閥が存在するのは破滅の前触れだから、どんな手を使っても、それを早期に根絶しなければならないのだ。

超訳

〝敵〟を活用する

初めから味方だった家臣より、敵から家臣に転じた者の方が役に立つことが多い。

なぜなら、敵だった者は、過去の悪印象を消そうとして、強い忠誠心を示すからである。

反面、初めから家臣だった者たちは、その地位が確固たるものと信じて疑わず、怠けることが多い。昔からの部下よりも、過去の敵の方が役に立つのは、このような理由からである。

敵と正面からぶつかるのも良いが、説得して味方として登用するのも良い方法だ。これには一石二鳥の効果がある。敵の一人を味方とすることで、敵が一人減るのと同時に、こちらを負かすために持っていた情報をこちらの弱点を補うために使うことができるからである。

フェイスブックは現在20億人以上の人が活用している世界最大のSNS（ソーシャルネットワーキングサービス）である。そのフェイスブックは、初期には開発者が不足していてセキュリティに問題があった。そこであるハッカーはサーバーをハッキングして、コードを勝手に書き換えて、自分が必要としている色々な機能を追加してしまった。

フェイスブックの代表、マーク・ザッカーバーグは、迷わず彼を雇用した。**会社のサービスを滅茶苦茶に改造した者を咎めず、逆に彼の才能を用いて自分のサービスを強化し、さらにセキュリティを充実させたのである。**

外部の敵をこちらに転向させ、利益を得たということだ。このように、敵をこちら側に引き込むというのは古来の兵法でも重要視する戦略だから、知っておく価値があるだろう。

超訳

不満分子とは働くな

あなたが新興の君主なら、必ず知らなければならない重要なことがある。

それは、昔の体制に不満を持っていた者は、新しい体制にも不満を持つということだ。彼らがあなたを君主に推すのは、信頼からかもしれないが、前政権への不満からかもしれない。

この場合、彼らの忠誠心を維持するのは非常に難しい。彼らはどんな体制にも不満を持つ人々だからだ。だから、そんな者たちを味方にするよりは、初めはあなたに敵対的だとしても、前政権下で真面目に働いていた人たちを味方にする方が簡単なのだ。

企業の人事担当者を対象にしたあるリサーチで、不良社員の条件を聞いたところ、「不満だらけの社員」が50パーセントを超えて圧倒的な1位だったという。不満分子は無能な社員よりも見苦しいということだ。〝イエスマン〟だけを雇用するのも問題だが、万事に批判的な態度を示す人と働くのは、それ以上に深刻である。組織の雰囲気は悪くなり、決定した通りの仕事を進行させることもできなくなるだろう。

そこで、上司は批判的な部下がいた場合、彼の批判の動機が何か、注意深く観察してみなければならない。**批判には二つの種類がある。一つは仕事のやり方を改善するための批判、もう一つは個人的な不満を職場で解消するための批判である。**大抵はどんな批判も、もっともらしい論理で偽装しているものだから、その批判がどちらの動機から出たものなのか見抜くのは難しい。

これを区別する最も有効な方法は、自分が批判した問題を解決するために、自らが率先して行動したかを観察することである。批判だけをして行動を起こさない者は、いくら利口であっても役に立たないから、一緒に働かない方が良い。

超訳

側近の能力はリーダーの資質を反映する

側近の能力は、君主の資質を反映している。だから、君主の資質を知ろうと思ったら、その周りの人物たちを観察してみれば良い。もし、彼らが優秀で忠誠心を見せていたら、その君主は賢明だとみなすことができる。

それは君主が、能力ある者を選別できる眼力を持っているということであり、さらに忠誠心を維持する力があるという証拠だからだ。逆に、側近が無能であったり、不満を覚えているようなら、君主の資質は低いと見積って良い。

このように、側近は君主の資質の鏡であるのだ。

リーダーがどんな人かを把握するためには、彼と直接会うには及ばない。彼の側近がどんな人物なのかを見れば、その資質をすぐに知ることができる。歴史上のどんな君主を見ても「君主は有能で立派な人物だったが、側近が愚か者ばかりだったから滅亡した」という例は、一つとしてない。もしそう主張する人物がいたとして、それは無能な君主の言い訳に過ぎないだろう。

アップルのスティーブ・ジョブズは、「一流だけを雇わなければならない。二流を雇えば、彼が二流を招き、結局会社が二流になってしまう」と言った。

このように、成功するリーダーは、高い基準を設けて人を雇う。とくに側近を選ぶ際は、一流の人物を雇うのが、成功のために不可欠な条件なのである。

超訳

リーダーに必要なのは知能より判断力

人間の頭脳には三つの種類がある。それは、

1、自ら思考し、理解する頭脳
2、他人の考えを聞き、理解する頭脳
3、自ら思考せず、他人の考えを聞くこともできない頭脳

もちろんリーダーは1であることが望ましいが、2でも十分だ。他人の言行から正邪を区別できる判断力さえあれば、側近の良し悪しを、きちんと分別して賞罰を与えることができるからだ。側近も判断力のある君主を騙すことはできないと知っているから、適当に立ち回らなくなる。

「君主が優れていれば、参謀なんかいらないんじゃないか？」と思う人もいるだろうが、こうした国は滅亡するのが歴史の常である。たとえば楚の項羽は、個人の能力においては比べ物にならないほど劉邦より優れていたが、勢力争いではどんどん劣勢となり、敗亡してしまった。

　勝って漢王朝を築いた劉邦は、その理由をこう説明している。

「こちらには張良《ちょうりょう》、蕭何《しょうか》、韓信《かんしん》など、優秀な部下がたくさんいた。それで私は彼らを活用した。もちろん項羽にも范増《はんぞう》のような優秀な軍師がいたが、彼は范増一人もうまく使うことができなかった。それが項羽の敗因である」

　本文では人間の頭脳を三つに分類していて、一番目は天才的な頭脳にあたるが、たとえそんな才能を持っている人でも、良い参謀は必要である。項羽の事績を調べてみれば、彼がナポレオンに匹敵する軍事の天才だということが分かるが、范増の助言を聞くことができなかったために没落してしまった。

　項羽に対しての劉邦の勝利は、**独断的な意思決定に民主的な意思決定が勝利した**と言うことができる。今日、独裁国家のほとんどは貧乏で、強大国は民主主義国である。その理由が何であるか、よく考えてみるべきだろう。

超訳

甘い言葉に騙されない方法

君主の周りには媚びへつらう者が多い。

彼らの言葉に騙されないためには、直言を良しとしなければならないが、誰しも直言できるようになっては、君主に対する尊敬がすっかり消えてしまう。

そこで、君主は賢い者たちを選んで、彼らに限って自由に発言する権利を与えると良い。

ただし、助言を求めた時だけである。助言者が言いたい時に聞くのではなく、君主が聞きたい時に言わせるのである。

また、彼ら助言者たちの言葉が率直であればあるほど、喜ばれると思わせなければならない。

〝ゴルフの皇帝〟タイガー・ウッズは、かつてのブッチ・ハーモンをはじめとして、何人かのコーチの指導を受けている。しかしそれは、彼らがウッズよりゴルフが上手だからではない。**ウッズがコーチを必要とするのは、自分のスウィングを自分で見ることができないからである。**

もしコーチが「素晴らしいスウィングですね！」「今のは絶妙なアプローチでした！」「ナイスショット、タイガー様！」みたいなことばかり話していたら？　まったく役に立たないだろう。

リーダーが甘い言葉を好むことは、このようなコーチを雇ってゴルフを練習することと同じである。甘い言葉を好む者は、ただ自分の気持ちを良くしたいがためだけに、おべっか使いを側に置くが、結局はそれが自らを破滅へと導くのである。

賢明なリーダーは部下に率直な直言を求めるべきなのだ。

超訳

良い助言は君主の賢明さから生まれる

愚かな君主が、良い助言のおかげで名君になることはない。彼は多くの意見を聞いたところで、それをまとめる力がないからだ。

つまり、良い助言が生まれたということは、君主に良い意見を選び、まとめる賢明さが備わっていた証であり、助言がその賢明さを導いたわけではないのである。

ここで米国の第44代大統領、バラク・オバマの意思決定方法を見てみよう。前任者のジョージ・W・ブッシュは、カール・ローヴやディック・チェイニーといった参謀の意見を聞き、それに基づいて意思決定をしてきたが、これには欠点がある。言うまでもなく、大統領の決定が参謀によって左右される危険があるということだ。

オバマは他の方法を使った。彼はまず自分の状況認識を説明し、意見を述べた後、それを参謀に手直ししてもらう方式を好む。こうするとブッシュのように、周囲の意見に振り回される心配もないし、大統領と参謀間で意見が衝突する時も、ミスを最小限に留めることができる。

オバマの信念は**「上の者と下の者がビジョンを共有し、同じ目標と戦略を持ち、緊密に協力することが勝利の条件だ」**というものだ。

つまり、これが民主主義的な意思決定の力である。そして優れた意思決定ができるシステムを作るのが君主の責務なのだ。

超訳

信頼できる人を登用する方法

側近が信頼できるかを見分ける、確実な方法がある。

もし彼が君主のことより、自分のことに熱心だったり、彼の行動の全てが君主より自分の利益のために意図されているなら、信頼できない者である。

側近として責任のあるポジションにある者は、自分の仕事ではなく、君主の仕事だけを考えなければならないからだ。

中国、清王朝の第6代皇帝・乾隆帝《けんりゅうてい》は、信頼できる人物を登用するコツについて、次のように言った。

「人の資質を論じる時には、能力と人柄を兼備しているのが最も望ましいが、両方持つのは難しい。だが、能力が人柄より秀でている者は、しばらくは自分の性格を偽れるが、心が誠でないから、結局わがままに行動し将来使いにくくなるはずだ。しかし、人柄が能力より秀でている場合は、しばらくは物足りないだろうが、心が誠だから、経験を積んでいけば公務を真剣にこなし、法を守るに不足なことがないはずだ」

乾隆帝はこのような信念に基づいて人を登用したが、歳をとって判断力が鈍くなると和珅《わしん》という奸臣を重用して国政を大混乱に陥れた。和珅は乾隆帝の寵愛を良いことに、収賄を繰り返して莫大な財産を築いた。その合計は今日の金額で200兆円に上り、このことから彼は〝中国史上最悪の奸臣〟とも言われる。

もともと聡明な君主だった乾隆帝も、側近の人柄を見通すことに失敗したのだ。このように、信頼できる人を区別することはとても難しいことだから、よくよく慎重にならなければならない。

超訳

支配体制の2種類

歴史上の全ての君主国は、中央集権型か封建型に分類される。中央集権型は一人の君主が臣下たちを従える統治方式で、各地を治める者たちも君主が任命した管理職に過ぎない。一方で封建型は、各地で自分の領土と国民を持っている諸侯が君主と契約関係で結ばれている方式である。

これらを攻める場合、封建型の国は体制に不満がある諸侯と結託すれば、簡単に侵略することはできる。しかし一旦征服した後には残った諸侯が障害となり、占領し続けるのがとても難しい。

反面、中央集権型では臣下たちが君主の奴隷のような存在だから、彼らを変節させることは難しい。つまり征服するまでの道のりは険しいが、一旦勝利を収めたら占領を維持するのは容易いのだ。

会社の支配体制も、大抵は中央集権型と封建型の2種類に分類することができる。

たとえば、映画の製作システムは封建型にあたる。監督が俳優、編集スタッフ、撮影スタッフ、CGスタッフなど、多くの専門家たちを率いて働く。当然、その専門家たちは自分の分野で指導的立場にある人も多いから、監督の権威に絶対服従はしない。俳優の中には映画監督よりも影響力が強い人もいるだろう。

監督の立場とすれば、スタッフが専門家で構成されていて便利である反面、プライドが高い彼らを一つの方向に導くのは大変である。こんな状況は君主が諸侯と契約関係で結ばれた封建型と言うことができるだろう。

その逆として、自動車メーカーの工場を想像してみよう。そこは工場長のもと、多くの労働者が指示通りに働く体制であり、一人ひとりの能力というよりは、既定のシステムと上からの命令で動く組織である。これは中央集権型と言うことができるだろう。

公務員社会とか、大手企業の多くの部署は中央集権型にあたる。**適切な管理スタイルを確立するためには、まず自分の組織がどちらの支配体制にあたるのか把握する必要があるだろう。**

超訳

自分のスタイルを持つ者たちへの対処法

君主が新しく手に入れた領土を保つためには、次のような政策を使う必要がある。

1、元の君主の一族を全て排除すること
2、既存の法律と税制を変えないこと

こうすれば新しい領土を短期間のうちに吸収することができる。

紀元前58年に起こったガリア戦争は、ローマ帝国のユリウス・カエサルがガリア人たちと戦って、今のフランス地方を征服した戦いである。ガリア人たちはまるで漫画『ドラゴンボール』に登場する「サイヤ人」のような戦闘民族で、ローマ軍は手こずったが、一旦戦争に勝った後は楽に統治することができた。

そうなった理由は、カエサルはガリアを占領した後、彼らのリーダーを処刑しただけで、ガリア人の自治を保証するなど既存の生活様式を尊重したためだ。**統治者が変わったとしても、生活に変化がないなら不満を持つ人はいないのだ**。つまり〝征服はすれども、変化は最小限に〟ということだ。

これは会社でも応用できることだ。あなたがある組織のトップに突然就任したと仮定してみよう。部下たちは、突然現れたあなたを、指導者として簡単に認めてはくれない。どうすれば良いだろう?

こんな時は、前体制下で実質的なリーダーだった者をリストラしたり、配置転換するなどして既存の権力を根絶する一方、残りの人々の仕事のやり方は尊重しつつ一緒に働けば良い。これはスティーブ・ジョブズが映像制作会社ピクサーを買収したときに使った手法である。

こうすれば、あなたは彼らの新しいリーダーとして位置付けられることだろう。

超訳

プライドを持つ者たちへの対処法

今まで何者にも縛られず、自由に生きてきた地域を占領した場合、新しい君主は住民を統治するのに苦労する。なぜなら、人々は失った自由を簡単には忘れられないからだ。

彼らは常に反乱の機をうかがうだろう。だから、君主は彼らと一緒に生活しながら統治したり、その地域を徹底して破壊しない限り、破滅の危険が付きまとうことになる。

5人くらいで始めた会社がどんどん大きくなり、従業員が30人を超えたあたりで新しい経営者が就任するとしよう。新しい経営者の失敗として一番多いパターンは、まだ部下たちに信頼されていないのにもかかわらず、以前になかった規則（たとえば遅刻厳禁など）をもたらすことである。これは彼らの反発を買いやすい。会社の勃興期を支えてきたというプライドを持って、自由に働いてきた組織にあって、突然「遅刻するなんてルーズだ」と頭ごなしに言われても従うわけがない。

では、あなたが新しい経営者になったとして、どうすれば良いだろう？

これはナポレオン・ボナパルトから学ぶ必要がある。ナポレオンも将校になってすぐ、部下たちから尊敬されたのではない。最初はわがままな部下が彼の権威に挑戦したこともあったが、ナポレオンは部下と率先して働き、寝食を共にして尊敬を勝ち得たのである。

では、さきほどの新しい経営者は、どうすれば良かったのだろうか。最初から新しい規則を導入するより、まずは社員と共に働きながら、部下の人心を得るのが先決だったのである。部下が新しい上司を同僚とみなさなければ、上司がいくら命令しても、率先しても、効果はない。**ナポレオンがそうしたように、まずは新しい部下たちに上司として心から認められるように努力することが、正解なのである。**

tips 部下は上司の鏡

ある社員の言動を観察してみると、それが驚くほど上司の振る舞いを反映していることに気付くはずだ。たとえば、マイクロソフト創業者のビル・ゲイツは、若かりし頃、激しやすく論争を好む人であったという。顔を赤く上気させ、拳で机を叩いたりしたらしい。その結果、会社の部下は彼の振る舞いを真似して、大声で激しく論争を交わす人ばかりであったという。

なぜこんな現象が起きるのだろうか。それは、部下は無意識に自分の上司をロール・モデルとみなすからである。社会人生活を少しでも経験した人なら、次のような現象を目撃したはずだ。

- 社内政治を好む上司の部下は自分たちでも派閥を作る
- 甘い言葉に弱い上司の部下はおべっかを使うようになる
- 部下を酷使する上司の部下は、自分の部下も酷使するようになる
- 仕事を適当に処理する上司の部下は、自分たちも適当に働くようになる
- 率先して行動しない上司の部下は、これもまた難しい仕事を回避するようになる

・責任を取ろうとしない上司の部下は、自分たちもまた責任を取らない

逆に、上司が部下の振る舞いに影響を受けることも、しばしばある。部下の中に「弁舌に長けるおべっか使い」がいて、彼を重用してしまえば、やがて組織を破滅へと導くリーダーになってしまう。組織を運営する上で、上司と部下はお互いの鏡のようだから、上司が先に理想像を見せるのが大切なのだ。つまり「あいつは、こうすれば良いのに」と上司が思ったら、自分からそう振る舞って見せれば良いのだ。だから本文でも「側近はリーダーの資質を反映する」と言っているのだ。

組織を運営するためにはこうして部下たちに良い影響を与えるのも大切だが、最初から良い人を選んで雇うのも大切である。だから不満分子を雇わず、信頼できる人だけを登用するべきだと言っているのだ。

組織運営を上手く行うには、権力の構造もよく理解する必要がある。たとえば、あなたが一人ひとり部下を雇い、一から組織を作った場合と、すでにある組織にあなたが上司として乗り込む場合では、別の管理方法が必要だということだ。後者の場合、自分の権威を認めてもらいたがる上司は失敗する危険性が高い。部下を動かすのは組織図上の人為的な階級ではなくて、部下に心から慕われるかどうかにかかっているからだ。

Ultra

8章 有益な敵がいれば害となる味方もいる

Il Principe Translated

「誰が敵で、誰が味方なのかを区別する方法」は、現代の私たちにも有効活用できる。

これは兵法書で学べることではない。戦争では敵が明らかだが、現代のビジネスにおいては、誰が敵で、味方なのか、曖昧な場合が多いからだ。

ライバル会社と協力している場合もあるし、一緒に働く同僚だが昇進のために競争していることもある。

混沌としている利害関係の中で、誰を味方に、誰を敵とみなすかを賢明に判断して振る舞う方法、それが本章の主題である。

超訳

弱きを助け、強きをくじけ

君主は、常に周りの弱者の味方になって、強大な君主を牽制しなければならない。

ただ、その弱者が他の強者と結託しないように注意する必要がある。

弱小勢力があなたに不満を持つ場合、強力な外敵を引き込むことがあるからだ。

逆を言えば、外国の強大な勢力を征服しようとする時、その周りの弱小勢力と結べば、彼らの支援を得て簡単に打ち負かすことができる。

弱者の味方をする時に注意すべきことはただ、彼らが強大な勢力に成長しないようにすることだけだ。

「弱者と連合して、強者を牽制する」原則は、イギリスの伝統的な外交戦略でもある。

たとえばヨーロッパにナポレオン・ボナパルトや、アドルフ・ヒトラーなどの強敵が現れた時には、イギリスが中心となって、弱者と力を合わせて対抗した。これは常に成功した。もしヨーロッパに強者が現れて大陸を統一していたら、イギリスはもう存在していないかもしれない。

イギリスは、この戦略をニュージーランドを支配する時も使った。19世紀のニュージーランドでは、フランス人をはじめとしたヨーロッパ人が侵略してきて、原住民のマオリ族を悩ませていた。マオリ族の酋長たちが最も恐れていたのは、ニュージーランドがフランスに支配されることだった。

イギリスはそれを利用して、マオリ族に土地の所有権と安全を保証する代わりに、主権をイギリスに譲る条約を提案した。これにほとんどの酋長（500人以上）がサインして、ニュージーランドは英国領となったのであった。

これをワイタンギ条約といって、この支配体制は、植民地ではあるが原住民との平和的共存を目指したものとして高く評価されている。これはオーストラリアの原住民たちが白人に虐殺されたことと、よく比較される。**このように、弱者と同盟して強者を牽制するのは、道義にもかなっているし、戦略的にも有利な方法である。**

超訳

強者を手伝うな

他人が強く成長するのを手伝ってあげた者は、結局は自分が手伝ってあげた者によって破滅させられてしまう。

他人を手伝うためには、術策や軍事力を使わなければならないが、これらは二つとも助けを受ける者を警戒させるからだ。

野心ある人が成長した後、自身の後援者のライバルになるのは、よく見られることである。前任の米大統領、バラク・オバマが政治家を志した時に、それをサポートしたのはアリス・パーマーという人気黒人女性政治家であった。

彼女は元々、イリノイ州議会議員だったが、連邦下院議員選挙に出馬するため、自分の後任にオバマを推薦した。しかし、パーマーはあえなく落選、「州議会に戻るからオバマは立候補を辞退して欲しい」と言い出した。オバマはその要請を断った。彼は、自分の政治的野望を果たすためには、このチャンスを逃してはならないと思っていたからだ。オバマは要請を断るだけではなく、選挙法専門家を雇いパーマーの不正を暴いて出馬を断念させた。

彼女は、オバマの野望を過小評価したから、裏切られたのだ。**このように、野心家の強者を育てると、のちのち良くない結果になる**。会社でも同じで、あなたが他人の仕事を自分の仕事のように熱心に手伝ったとしても、彼が恩を知らない野心家ならば、その功績を全て奪われる危険がある。後悔したくなければ、野心家を手伝うべきではないのである。

超訳

どっちつかずは敵を作るだけだ

近くで二つの勢力が対立している時は、中立を守るより、どちらか一方の味方となって共に戦う方が有利だ。なぜなら、いつかはどちらかの勢力が勝利するはずだが、最後までどちらの手伝いもしなかったあなたは、自動的に勝者の敵になるからだ。こうなってしまえば、勝って強大になった勝者に、あなたが負ける可能性が高い。

それに、あなたを味方だと思っている勢力の方は、助けを求めている一方、敵だと思っている勢力は、あなたの中立を望んでいることを忘れてはならない。だから、中立を守るということは、敵の望み通りに行動しているということである。

決断力のない君主は、当面の危険のみを避けるために中立を好むが、そういった者たちはいずれ破滅することになる。

漫画『課長 島耕作』は、大手企業の派閥抗争を巧みに描いている。主人公、島耕作は巧みな処世術を駆使して、特定の派閥に依らず中立を守る方法で出世していき、ついには社長にまでのし上がる。だが、現実でもそれが可能かどうかは疑わしい。派閥が存在する会社なら、権力を握った派閥が自分たちの息のかかった社長を担ぐはずで、中立の人を社長に推薦するはずがないからだ。

また、現実の世界で中立を守ることができないのは、他人から恩を受けるからである。恩を受ければ、それを返さなければならないが、その相手が派閥だったり、団体だったりした場合は、彼らの要求に応えることで、恩返しをする。これは、誰の身にも多かれ少なかれ、訪れることである。

さて、訳文にある通り、大抵の場合では決断力を持ってどちらか一方の味方となった方が良いが、相手がそれを利用して、あなたを束縛しようとする場合もあるから、注意しなければならない。あなたに利益にならない組織と関わると、中立でいるよりも悪い結果をもたらしかねないからだ。

超訳

同盟する時に注意すべきこと

やむを得ない場合でない限り、自分より強い君主と同盟して、他の勢力を攻撃してはいけない。もし彼と共に戦って勝利しても、その後のあなたの運命は彼の手の中だからだ。

だから、賢明な君主は、こうならないよう最善を尽くす。

逆に、あなたより弱い二つの勢力が対立している場合、あなたはどちらか一方の勢力と同盟して戦うと良い。こうすれば、あなたの助けで勝利した勢力を、自由にすることができるからだ。

『エイリアンvsプレデター』というSF映画がある。その内容は次のようなものだ。未知の文明人の建物に監禁された主人公たち（地球人）は、同じ建物に二つの種類の宇宙生物が閉じ込められていることに気付く。それがエイリアンと、プレデター。プレデターは、姿は人間に近いが昆虫のような気色悪い顔を持つモンスターである。人間の命をハエのように軽く扱い、一人で数百人をいとも簡単に殺戮することができる戦闘民族である。

エイリアンは人の体を宿主にして繁殖する宇宙生物で、3〜4匹で人類を滅亡させることができるほど恐ろしい存在である。そして、彼らは激しく対立している。あなたなら、どうする？

映画では、2種類のモンスターの板挟みに遭った主人公たちは、生き残るためにプレデターと連合してエイリアンと戦う。

これは本当にやむを得ない場合である。主人公たちが勝っても、その命はプレデターの意のままだからだ。とはいえ、エイリアンと連合してプレデターを討つのが言語道断なのは、説明するまでもないだろう。

超訳

中途半端な措置は避けろ

人間は、厚遇するか、破滅させるか。そのどちらかしかない。人間というものは些細な被害に対しては復讐しようとするが、致命傷を受けると復讐を思いつきもしない。だから、人に危害を加える時は、復讐の恐れがないよう徹底して破滅させなければならない。

今や、ほとんどのパソコンにマイクロソフトのＯＳが使われている。そのシェアは90パーセントを超え、圧倒的である。しかし、どうして他のＯＳがほぼ全滅してしまったのか、知っている人は少ない。

マイクロソフトのＯＳ第1弾、ＭＳ‐ＤＯＳが誕生した頃、当時のパソコンのほとんど全てはＣＰ／Ｍというｏｓが使われていた。

ＣＰ／Ｍの開発者ゲイリー・キルドールは、「ソフトウェア市場は十分に大きいし、将来性も高いから二つのＯＳが共存することもできるだろう」と楽観視していた反面、マイクロソフトのビル・ゲイツは「標準規格を巡る戦いの勝者は一人しかいない」として、ライバルを駆逐するために最善を尽くした。

その結果、ＭＳ‐ＤＯＳはＣＰ／Ｍのパクリにもかかわらずその地位を奪い、マイクロソフトのＯＳが全世界のパソコンの標準規格となった。ライバルの生ぬるい態度が、マイクロソフトに勝利をプレゼントしたということだ。

ビジネスではこのように、中途半端な態度が破滅の原因になる場合が多いから、注意すべきなのだ。

tips

現代の戦争には敵も味方もない

今日の私たちには、戦略を考える前に、まず敵と味方とを区別する能力が必要である。なぜなら、ビジネスは昔の戦争とは違って明確な敵も、明確な味方もいないからである。

ソフトバンクのＣＥＯ、孫正義は同業他社との関係について、「右手で握手しながら、左手では相手を殴り合う」という矛盾した関係だと言ったことがある。たとえば、アップルの iPhone、iPad にＣＰＵやＬＣＤを供給しているのは韓国のサムスン電子だ。その取引の規模は約５０００億円にも及び、両社は重要なビジネスパートナーであると言える。だが、両社はスマートフォン、タブレットの販売分野では事業内容が重なる敵同士でもあり、これに関わる特許について見苦しい告訴合戦を繰り広げたことがある。

会社でも、同じ部署で一緒に働いている仲間とは、のちのち出世や昇給を争うことになる。同僚でありながら、潜在的な敵なのである。この関係はあたかもコインの裏表のようである。

もちろん、優秀な同僚と力を合わせて高い業績を挙げるのは成功のために重要だが、世間には同僚を都合よく利用する対象としてしか見ない野心家もいるのである。仲間というコインの表だけを見て、その裏を考えない者は、ある日そのコインがひっくり返った時に、現実を受け入れることができないだろう。ビジネスの世界では、誰しもが敵と味方、二つの顔を持っていることを忘れてはならないのだ。

『君主論』では、相手が強者なら、潜在的な敵として警戒すること、そして相手が弱者なら味方とみなすことを勧めている。「誰と力を合わせ、誰を牽制すべきか」ということが問われている状況であれば、この方法が有効である。

私たちは強者に対しては本能的な警戒心を持ち、弱者に対しては手伝ってあげたくなる。〝判官びいき〟という言葉があるように、誰の目にも弱者を手伝って強者に抵抗するのは格好良く見えるが、その逆は見苦しく見えるはずだ。

それを私たちは「正義感」と呼んで、人間の高潔な気質だと考えている。だが、これは人間だけではなく動物、ひいては昆虫たちも皆持っている生存本能である。自然界で生き残るためには、弱者たちが力を合わせて強い個体に抵抗するのが有利だからだ。

もし強者に味方して弱者を攻撃する者がいれば、その個体は結局は自分が手伝った強者に命を奪われることになるからだ。このように正義感は、我々人間が作り出した道徳ではなく、生存のために私たちに内在している本能なのだ。

Ultra

9章 リーダーは野望を持ち大胆に行動すべし

Il Principe Translated

君主が持つべき二つの美徳として、「野望」と「行動力」がある。野望と言うと、少々語感が激しいが、これは「ビジョン」とも言い換えることができる。

たとえば、高校野球では「次の試合はきっと勝つぞ」が短期的な目標だとしたら、「夏の大会では甲子園に行くぞ」はビジョンである。人々はこのように野望を持ち、ビジョンを与えてくれるリーダーを好む。

そして、それを叶えるために、大胆な態度でいつも率先して先頭に立てば、それだけでも立派なリーダーだと言えるだろう。本章ではその方法について見ていこう。

超訳

有能な者の野望は当然

領土を広げたいと思うのは、とても自然で正常な欲求だ。有能な者がその欲求を行動に移すのは誉められるべきで、少なくとも非難されることではない。しかし、それを成し遂げられる能力のない者が無理をするのは、非難されて当然である。

戦争もそうだが、多くの人に影響を与える仕事をする時には、まず自分の実力を考慮すべきである。

１９８８年、ＮＨＫは子供向けの教育アニメを作るために孫請けとして、あるアニメ制作会社にジュール・ヴェルヌの『海底二万里』をモチーフにした作品を依頼した。制作に着手した監督は、3〜4話までは大人しく進行させたが、その後は自らの頭脳に溢れる想像力を制御できなくなり、どんどん巨大なスケールで世界観を構築し始め、もともとＮＨＫが望んだ健全なアニメとはまったく違う作品になってしまった。ＮＨＫは当惑し、放送中は監督との摩擦もあったというが、結局最終話まで続けられた。

そのアニメが、今でも名作（迷作と呼ばれることも）として語り継がれる『ふしぎの海のナディア』である。ストーリーを暴走させたのはＧＡＩＮＡＸの監督で、後に『新世紀エヴァンゲリオン』を作った庵野秀明だった。依頼人の要求に応えず、勝手に働いた彼の行為は、良いか、悪いか。

力量不足な人が勝手に行動するのは、現代でも多くの利害関係者に迷惑をかけるだけだが、このように優秀な人が自分の野望を満たす行為は歓迎されるのだから、実力がある人はもっと大胆に行動すべきだ。

超訳

君主が名声を得る方法

大規模な戦争をして勝利を収めることほど、君主の名声を高める手立てはない。スペインの王・フェルナンド2世は就任当時は弱小君主だったが、後にキリスト教世界で一番偉大な王になった。その理由は、彼が絶えず戦争を計画し、それを矢継ぎ早に実行していったからである。

彼が起こした最初の戦争は、宗教を大義名分としてイスラム国家を侵略したことだが、これは聖戦と見なされて教会からお金を貰うことができた。彼はそれで軍を育て、宗教を名分としてアフリカを侵略したり、後にイタリアやフランスまで攻撃した。

こうして彼が絶えず雄大な計画を立てて実行していったから、臣下たちには反乱を試みる余裕すらなくなって、彼は自分の権力を磐石にすることができた。

このように君主は、非凡な実績を挙げて自分が立派な人物だということを知らせるために、絶えず努力しなければならないのだ。

安定的な利益を目指す経営手法は堅実だが、名声をもたらす方法ではない。

世界で映画産業が最も発達した国は、言わずと知れたハリウッドを擁する米国だ。芸術的な価値という点では、ヨーロッパやアジアでも良い映画がたくさん制作されているが、影響力・技術力・資本力では米国とは比べ物にならない。

『トイ・ストーリー』シリーズで知られるアニメ制作会社、ピクサーで働くフランス人のベルニューは、その理由をこう説明する。

「ヨーロッパの人々はかなり消極的だ。1000円を投資して2500円を稼ぐ冒険をするより、100円を投資して200円を稼ぐ安全策を好む」

これは日本の映画にも言えることだろう。**損害を甘受して大金を投資する米国の情熱的なクリエイターが、安全を好むヨーロッパや日本のそれに比べて偉大な業績を達成するのは当然のことだろう。**

つまり、今日ハリウッドが得ている名声は、彼らの大胆な態度に由来するのだ。

小心な経営は、利益は得ても名声は得られないから、その利と害をよく天秤にかけてみる必要がある。

超訳

慎重な人より大胆な人が成功する

人は運命に対して慎重になるより、大胆に進んだ方が良い。なぜなら運命の神は女神だから、彼女を支配しようとすれば、荒っぽく扱う必要があるのだ。運命の女神は慎重に近付く者より、征服の野望を露骨に表す者に従う。

運命は女性だから、若者を好む。それは若者が思慮が浅く乱暴で、大胆に彼女を支配するからである。

歴史上のあらゆる戦いを調べると、大胆な者が慎重な者を破った例が圧倒的に多い。もちろん豪胆な将が慎重居士の仕掛けた罠にかかって敗北する場合もあるが、それはあくまで例外だ。ほとんどの戦いでは前者が後者に勝つのである。

なぜだろうか？　それは、大胆な者は先手を打つからである。兵法で最も重要な概念の一つは、先手の優位性である。たとえば、モンゴル帝国を建設したチンギス・ハーンは、連戦連勝した史料が残っているから、彼がどんな戦にも勝利したと考えがちだが、戦史を紐解くと意外なことが分かる。

彼は敵を先に攻撃した時は勝ったが、パルワーンの戦いなど、先に攻撃された時は敗れている。つまり、チンギス・ハーン軍の連戦連勝は、彼が起こした戦争のほとんどが侵略戦争（＝先手を打った）だったからこそ得られた戦功だったのだ。

商談でも、先手を打って、先に値段を提案する方が有利だという。これは、不確かな事態の中で予測や判断をしなければいけない時、初期値が影響を与えるという心理的効果（アンカー効果）のせいである。

このように、あまりに慎重な人は大胆な相手の思惑通りに操られる危険があるから、決断力と行動力を備えておくべきだ。

超訳

改革が難しい理由

既存のシステムの改革ほど、難しいことはない。それは、既存の秩序で利益を得てきた既得権者は、そろって積極的に改革に反対する一方、新しい秩序のもと、利益を得られるはずの人々の支持は、消極的なものだからだ。

彼らが消極的なのは、人間は確実な結果を目にしない限り、新しい制度を信頼しないものだからである。

というわけで、改革派は半信半疑のもと改革に取り掛かる一方、反対派は全力で邪魔しにかかる。こうして改革者たちは深刻な危機に陥っていくのだ。

かつてビデオテープがＤＶＤやブルーレイに進化したように、テレビ放送も本格的なデジタル時代に突入した。２０１１年7月24日をもって、衛星放送を含む全アナログ放送が終了したのである。こうなると、アナログ受信しかできない古いテレビを持っていた人々は、デジタルチューナーや、同機器を内蔵したテレビを新たに買わなければならなかった。この出費を無駄遣いのように感じた人も多かったという。

「故障もしなかったテレビをなぜ捨てなければならないの？　もったいない！」

しかし、もう全ての放送はコンピュータを使ってデジタル的に制作されてデジタル方式で伝送されるため、アナログ方式を続ける理由はないのだ。アナログ放送はもう死んだから、今になってアナログ放送に戻るのは不可能だ。

改革とはこのようなものだ。**一旦成功したら絶対に過去には戻りたくないが、改革以前には、皆、消極的なのだ。**だから改革を成功させるためには、デジタル放送への移行のように強制力を使ったり、巧みな大衆扇動術で民衆から圧倒的な支持を受けるといった方法を使わなければならないのだ。

超訳

改革を成功させる方法

改革が成功するか失敗するかは、その実行に他人の援助が必要なのか、それとも自分の力だけでやり遂げられるのかにより決まる。前者は決まって失敗するが、後者はほとんど成功する。武装した預言者は勝利するが、備えのない預言者は滅びるのだ。

こうなる理由は、大衆を説得するのは簡単だが、説得された状態を維持するのは難しいからだ。従わない者を服従させるだけの力が必要なのである。

改革は変化をもたらす行為だから、不満を持つ人が必ず生じる。そして改革の成否は、反対する人々に対して強制力を使うことができるか、できないかにかかっているのだ。

２０１１年、米国のペンシルベニア州のレストラン「McDain's Restaurant」は、6歳未満の子供の入店を禁止して話題となった。もともと、そこはカクテルなどを売る大人向けの店だったが親子連れの客も多く、子供がいたずらをしたり、大声を出したりして他の客に迷惑をかけることが頻発した。

そこでレストランの主人、マイク・ヴィックは「6歳未満の子供は入店禁止」というルールを導入してレストランの雰囲気を一変させることにした。しかし、子持ちの常連客たちは新しいルールに反対した。彼の改革は馴染みの客を失う危険があったのだ。

にもかかわらず、ヴィックは新しいルールを貫き通した。結果、レストランの売り上げは20パーセント増加したという。ルールがマスコミに取り上げられて宣伝となった、付加的な利益もあった。

このように、改革を成功させるためには、強い意志を持って強制力を使うことができなければならない。そうでなければ、禁煙を導入するといった、つまらない改革を成功させることもできないのだ。

tips 人生の転機

リーダーは、自分の性格の向き不向きにかかわらず、必要な時には大胆な行動ができなければならない。この章に登場した「改革が必要な時」がその良い例である。改革に不満を持つ人が猛烈な抵抗を見せた時、弱気になって屈服してしまったら改革が頓挫するのはもちろん、リーダーの資質さえ疑われることになる。

しかし、普通の人が変化を好まないのは当然のことである。それを理解するためには、パソコンを使っている時に「このソフトを新しいバージョンにアップデートしてください！」といったメッセージを見た経験を思い出してみよう。「ええ～？　今、不自由なく使えているのに……面倒くさいな」と思わなかっただろうか？

ユーザーの立場としてはこうだが、提供側としてはセキュリティ関連の重要な改善もあるから、強制的に更新するよう、仕向けているのだ。改革も同じことで、強制力と厳しさが欠けていると妥協に次ぐ妥協が始まり、結局は失敗してしまうのだ。

大胆な行動が必要な時に、慎重になり過ぎるのは、成功の機会を捉え損なうことにも繋がる。

1995年の春、ディビット・カプランという記者は、シリコンバレーで当時注目を浴びていた、とあるＩＴ企業をインタビューした。その会社は26歳の大学院生が創業したもので、窓もないオフィスには食べかけのピザが散乱し、寝袋が置いてあるなどむさ苦しいところであった。

インタビューが終わると、出ていこうとするカプランに、若い社長が話しかけた。

「私たちと働く気はないですか？」

彼はその要請を断った。周りの情報を総合すると、なるほど確かに有望なベンチャー企業ではあったが、成功の保証はないし、安定した記者の職を投げうってまで窓のないオフィスで働きたくはなかったからだ。

その4年後、その小さな会社は驚くべき成長を遂げ、時価総額は910億ドルにまでなった。会社の名前は「Yahoo!」。もしカプランが誘われた時に入社して株式の0・5パーセントだけでも貰っていたら、それは4億5500万ドル、つまり約480億円にあたる金額になっていたはずだった。

慎重な人は、安定した仕事・人生を信用し過ぎるきらいがあるが、時には大胆に行動することも必要である。一歩、踏み出す勇気がなかったことを、一生後悔することになるかもしれないからだ。

Ultra

10章 運命に流されず人生の勝者となれ

Translated Il Principe

「人生で成功する方法」は、大昔から皆が知りたがっていた問題だが、今まで正解を発見した人はいない。

それは、答えがないからではない。全ての状況に適用できる、一般的な方法がないだけだ。

いわば病気の治療法のようなものだ。患者の病と状態を知っていれば、それに相応しい治療法はあるが、万病に効く薬は存在しない。

だからこそ成功の方法は、他人の方法論を無条件に真似するのではなく、自らの状況を正確に把握し、自分に最も合うものを作り出す必要がある。

最後に本章を読むことで、その方法を作る一助として欲しい。

超訳

人間は運命にどう対処すべきか

多くの人々が「この世は運命に支配されているから、人間の力ではどうすることもできない」と考えている。

しかし私の考えでは、運命というものは私たちの半分ぐらいを支配するだけだ。その残りの半分は私たちの手に任されている。

マキャベリが、成功の要因にはヴィルトゥ（実力）とフォルトゥナ（運）の二つの要素があると説いたことには、すでに触れた（50頁）。繰り返すが、前者は内部の要素で、後者は外部の要素である。

電話を発明した人としてはアレクサンダー・グラハム・ベルが有名だが、時期を同じくして同じ発明をしたイライシャ・グレイという人がいる。**グレイは、特許申請がベルより2～3時間遅かったがため、その革新的な発明の主人公になれなかったのである。**

ベルとグレイはヴィルトゥ、つまり実力という点では伯仲していたが、フォルトゥナ、つまり運はベルに味方したのである。私たちの人生の半分は実力が、半分は運命が支配しているということを実感できる逸話である。

しかし、自力で運命を克服することもできる。

グレイはおそらく、同時期に自分とほぼ同じ発明をする人がいることは分かっていたはずだ。技術者というものは、最新の技術の水準がどこにあるか、よく知っているからだ。とすれば、彼は大急ぎで特許申請をしなければならなかった。そうしていたら彼は運命を自らの手で変え、電話の最初の発明者となっていたはずだ。

超訳

運命は激しい川の如し

運命は危険な河川にたとえることができる。この河川は、ひとたび怒り狂うと氾濫して木と家を飲み込み、地形をも変えてしまう。人々は、その勢いの前に逃げ出したり、屈服したりしてしまう。しかし天気が平穏な間に堤防を作っておけば、このような災難を防ぐことができるはずだ。運命も同じことだ。自分に対抗する準備がない時に猛威を振るい、止める手立てがないところを狙って襲ってくる。

訳文でたとえられたように、運命は荒れ狂う川のようなものである。それから自分を保護するためには、堅固な堤防を築く手もあるが、川を避けて他の所に移り住む方法もある。

米国にビル・フィリップスというボディビルダーがいる。1964年に生を受けた彼は、恵まれた体躯を持っていた。それを活かして大会で入賞しようと大学を休みながら努力したが、それが失敗してしまった。失望した21歳のフィリップスは大学へ戻り、体育関連の勉強をしながらボディビル関連のミニコミ誌に記事を書くことにした。

ところが、それが人気を呼び、彼はたちまちボディビルの世界で、相当な影響力を持つ著者に成長した。さらに、彼はボディビルダー用の補充剤を販売するビジネスを始め、それをミニコミ誌で勧める手法を使い、それが大成功した。

結局、彼はボディビルの分野でのベストセラー作家、そして補充剤関連の企業家となった。

彼はボディビルダーとしての失敗という運命の荒波を避け、他の場所、つまりボディビル関連のビジネスという分野に活路を見出したのだ。

運命に備えるのも大切だが、視点を変えて周りを見回してみるのも手だということだ。

超訳

自分の気質と時代の状況

君主は、人によって気質やスタイルが違う。ある人は慎重だがある人は機敏で、ある人は力ずくで勝負するがある人は技量で勝負する。ある人は我慢強いがある人はせっかちである。

ところで、まったく同じく慎重な二人のうち、一人は成功して一人は失敗することがある。かと思えば、一人は慎重で一人はせっかちなのに、二人揃って成功することもある。

またある人は、ずっと同じスタイルだったのに大成功したり没落したりする。

これらの現象は「運」の一言で片付けてしまいがちだが、実はそれは運ではない。

自分の気質が時代状況と合えば成功し、合わなければ失敗するのである。